VOCÊ PODE SER QUEM DESEJA

ROBERT H. SCHULLER

VOCÊ PODE SER QUEM DESEJA

TORNE-SE UM PENSADOR DE POSSIBILIDADES

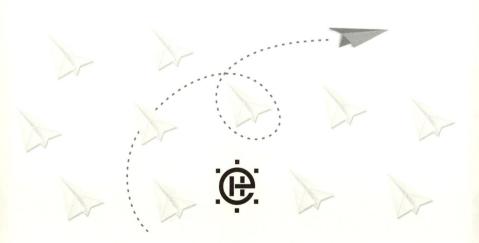

EDITORA HÁBITO
Avenida Recife, 841 — Jardim Santo Afonso
Guarulhos, SP — CEP 07215-030
Tel.: 0 xx 11 2618 7000
atendimento@editorahabito.com.br
www.editorahabito.com.br

■ **VOCÊ PODE SER QUEM DESEJA**
©1973, de Robert H. Schuller
Título do original: *You Can Be the Person You Want to Be*
Copyright da edição brasileira ©2021, Editora Hábito
Edição publicada com permissão de Editora Vida.

*Todos os direitos em língua portuguesa
reservados por Editora Hábito.*

PROIBIDA A REPRODUÇÃO POR QUAISQUER MEIOS,
SALVO EM BREVES CITAÇÕES, COM INDICAÇÃO DA FONTE.

■ Todas as citações foram adaptadas segundo
o Acordo Ortográfico da Língua Portuguesa,
assinado em 1990, em vigor desde janeiro de 2009.

■ *Editor responsável:* Gisele Romão da Cruz
Editor-assistente: Amanda Santos
Tradução: João Barbosa Batista
Preparação: Equipe Hábito
Revisão de provas: Josemar de Souza Pinto
Projeto gráfico e diagramação: Claudia Fatel Lino
Capa: Arte Hábito

■ **1. edição:** jun. 2021

Dados Internacionais de Catalogação na Publicação (CIP)
(Câmara Brasileira do Livro, SP, Brasil)

2.
Schuller, Robert H.
Você pode ser quem deseja : torne-se um pensador de possibilidades / Robert H. Schuller ; tradução João Barbosa Batista. -- 1. ed. -- São Paulo : Editora Hábito, 2021.

Título original: *You can be the person you want to be*
ISBN 978-65-994789-0-1

1. Autoajuda 2. Autoconhecimento 3. Realização pessoal 4. Sonhos 5. Superação I. Título.

21-64232   CDD-158.1

Índices para catálogo sistemático:
1. Sonhos : Autoajuda : Psicologia aplicada   158.1
Aline Graziele Benitez - Bibliotecária - CRB-1/3129

RECONHECIMENTO

À Hora de poder, pela permissão de reimprimir o *Credo do pensador de possibilidades*. Algumas porções deste livro foram publicadas originariamente por Hora de poder sob o título *Torne-se agora um pensador de possibilidades*.

DEDICATÓRIA

A meu bom amigo Norman Vincent Peale, que, talvez mais que qualquer outro neste mundo, ensinou milhões de pessoas a crerem que poderiam tornar-se as pessoas que Deus queria que fossem.

SUMÁRIO

Introdução — É possível! 11

1. Você pode ser quem deseja 15
2. Determine suas metas, e elas o impulsionarão 29
3. Princípios básicos para a solução de problemas 49
4. Autoconfiança: Consiga-a! Use-a! Conserve-a! 65
5. Faça o jogo do pensar possibilidades... e ganhe! 87
6. Anule o temor do fracasso e prossiga 107
7. A vitória inicia-se com o começo 125
8. Entusiasmo: poder que o colocará em órbita 147
9. Mantenha a carga com uma atitude mental positiva 161
10. Jamais desista 183
11. Oração + pensar possibilidades = êxito 207
12. Aqui está a pessoa que você deseja ser 225

INTRODUÇÃO
É possível!

É possível que um homem de 50 anos de idade, com excesso de peso, que nunca foi atleta, que se sente e parece mais velho do que realmente é, torne-se um recordista em maratonas? Pode alguém que no ensino médio obteve notas baixas em química conseguir alcançar notas mais altas nessa matéria, na universidade?

Que possibilidades há de alguém que se tornou tetraplégico, por causa de uma lesão cerebral, reaprender a andar? De um estudante fracassado vir a ser um dos melhores neurocirurgiões do mundo? De um negro órfão e abandonado tornar-se um médico proeminente?

Os pensadores pessimistas diriam: "É impossível essas coisas acontecerem". Mas conheço pessoas que passaram por essas mudanças, aparentemente miraculosas, e sei como conseguiram isso.

Pense em uma jovem de apenas 20 anos de idade que chega a Los Angeles com apenas 7 dólares no bolso, falando apenas o espanhol. Depois de algum tempo, ela consegue

VOCÊ PODE SER QUEM DESEJA

juntar 400 dólares, monta um negócio próprio e o transforma numa empresa multimilionária. Mais tarde, essa moça tornou-se tesoureira dos Estados Unidos da América! Será possível? Bem, foi o que aconteceu com Romana Bañuelos. É possível encontrar alegria e felicidade quando você perde alguém a quem amava mais que à própria vida? "Desejei morrer quando meu marido faleceu. Não tinha o mínimo interesse em viver até que Deus me concedeu o milagre da nova vida", disse Doris Day. Então, começou de novo.

Reavive seus sonhos — agora!

Você já teve um sonho que floresceu em sua mente para depois morrer? Já tentou carreira após carreira e em todas fracassou, até chegar à conclusão de que seus sonhos são irreais e absurdos? Você está desapontado, desencorajado e descontente com o sucesso que alcançou? Está secretamente insatisfeito com seu *status* atual? Deseja tornar-se uma pessoa melhor e mais bonita do que é? Gostaria de poder aprender, de verdade, a ter orgulho próprio e ao mesmo tempo não perder a humildade genuína? Então, comece a sonhar! É possível! Você pode ser a pessoa que sempre quis ser!

Como? Há uma CHAVE — um SEGREDO. Há um MODO de transformar sonhos impossíveis em realizações fantásticas. Convido você a *pensar possibilidades*. Alguns dão a isso o nome fé. Jesus disse: "[...] se vocês tiverem fé do tamanho de um grão de mostarda, poderão dizer a este monte: 'Vá daqui para lá', e ele irá. Nada será impossível para vocês".[1]

Eis como funciona. Quando a pessoa começa a crer que as coisas são possíveis, algum dia, de alguma forma, de algum

---

[1] Mateus 17.20, Nova Versão Internacional.

Introdução: É possível!

modo, em algum lugar, no instante mágico do *pensar possibilidades* ocorrem três milagres:

1. As células cerebrais que detectam as oportunidades são ativadas!
2. As células cerebrais que resolvem problemas tomam vida.
3. As substâncias químicas responsáveis por auxiliar na tomada de decisões são jogadas torrencialmente na corrente sanguínea! Afirmo com toda a certeza que isso realmente funciona. Basta que os resultados sejam procurados com diligência!

Ofereço-lhe uma escada

À sua frente, agora, existe uma escada invisível. Eleva-se mais e mais. Dê o primeiro passo. Ponha as mãos no corrimão. Coloque o pé direito no primeiro degrau. Ótimo. Você está começando a subir. Você será a pessoa que deseja ser!

Quanto mais alto subir, mais longe verá! A autoconfiança começará a nascer em você. Surpresas incríveis o esperam no topo da escada. *Comece hoje!* Não espere chegar o tempo em que tenha de dizer: "Ó Deus, poupa-me do inferno de ver as grandes oportunidades que perdi por falta de fé para crer e começar".

Sua mente consciente é como um dique que represa um oceano de possibilidades inimagináveis, desconhecidas e inexploradas. Tudo que peço é que faça um pequeno buraco nesse dique! Você fará isso ao dar uma oportunidade real ao *pensar possibilidades!*

CAPÍTULO 1

Você pode ser quem deseja

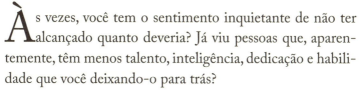

À s vezes, você tem o sentimento inquietante de não ter alcançado quanto deveria? Já viu pessoas que, aparentemente, têm menos talento, inteligência, dedicação e habilidade que você deixando-o para trás?

Já suspeitou alguma vez de que poderia ter uma vida mais abundante que a atual? Você se pergunta se é possível ter errado o alvo e obtido menos do que merece? Questiona-se sobre o que há de errado?

De quem é a culpa pelo ínfimo lugar que o nível de sua realização ocupa? Se seus sonhos morreram, quem os matou? De quem é a culpa por você não ter feito maior progresso em menor tempo?

Como começar?

Como começar a ser a pessoa que você deseja ser? Primeiro, analise as forças que o têm impedido. Encontre o motivo de sua inércia. É necessário pôr a culpa no devido lugar antes de corrigir a situação.

Você já brincou de "Detetive"? Se você aprendeu a pôr a culpa em determinada classe ou grupo de pessoas que de alguma forma diferem de você, ou sente-se naturalmente inclinado a fazer isso, está cometendo um grande erro. Há muita gente que, apesar da situação desfavorável em que vive, está vendo seus esforços serem coroados de êxito, apesar da oposição orgulhosa ou preconceituosa dos outros.

Talvez você culpe o sistema capitalista. Errado. Tente novamente! Tenha em mente que, apesar de seus defeitos, nosso sistema de livre iniciativa, mais que qualquer outro no mundo, dá-lhe a liberdade de escolher tentar ser tudo o que seu coração desejar.

Alimentar pensamentos como "Minha linhagem é inadequada" ou "A culpa é de meus pais" é um grande absurdo! Você ainda possui um cérebro com trilhões de células! Um instrumento de capacidades tão incalculáveis que, segundo peritos na área, seria preciso um edifício de vários hectares a fim de acomodar os computadores necessários para se igualar ao cérebro humano menos desenvolvido! E, ainda que você tivesse o computador mais formidável já fabricado pelos homens, ele não teria a potência autogeradora que *todo* ser humano possui.

Afirmar que você é oprimido pelo sistema institucionalizado é uma generalização superficial e negativa que não se sustenta mediante a análise mais rudimentar. As centenas de milhares de pessoas que, mesmo vivendo em situações desfavoráveis, conseguem progredir desmentem esse argumento. Lembre-se: *Você nunca solucionará o problema até pôr a culpa no lugar certo!* Faça a você mesmo esta pergunta: Se outras pessoas, em situações piores que a minha, têm obtido êxito, por que *o mesmo não acontece comigo?*

O poder que realmente oprime a sociedade humana é o *pensar impossibilidades*. Alguém oprimido é um *pensador de impossibilidades*, aquele que, ao menor sinal de dificuldade em relação a uma ideia, um plano, uma organização, uma instituição, uma tradição, uma pessoa nascida ou por nascer, vota pelo seu abandono, por sua abolição ou por sua anulação!

O *pensador de possibilidades*, livre do perfeccionismo, sabe que há algo errado com toda ideia, plano, organização,

Você pode ser quem deseja

instituição, tradição e pessoa. No entanto, ele pergunta: "O que isso tem de bom?", "Existe algum valor positivo nesta sugestão?". Se houver, então ele começa a buscar e conquistar. Ele presume que deve haver um modo de separar, insular, eliminar ou sublimar o aspecto negativo da situação. Ele crê que, se persistir em analisar exaustivamente todas as possibilidades, descobrirá ou criará uma maneira de isolar, ativar, cultivar e colher os valores positivos. A isso dou o nome *exploração santificada*.

O *pensador de possibilidades* nunca vota contra uma ideia que tenha alguma possibilidade de ser boa. Antes de se inclinar a uma possibilidade positiva cheia de problemas, ele procurará aperfeiçoá-la, modificá-la, qualificá-la ou atrasá-la, mas *nunca* dará um voto negativo a qualquer sugestão que tenha uma remota possibilidade positiva! A impossibilidade não é motivo para recusar uma ideia potencialmente excelente. A criatividade começa quando o *pensador de possibilidades* desafia os problemas com a ideia positiva que todos sabem ser impossível. Em resumo, ele nunca joga fora o bebê com a água do banho.

O *pensador de possibilidades* somente dará seu voto negativo e sem reservas para uma ideia, quando a questão violar seu sistema de valores.

> De todas as pessoas que habitam o planeta Terra, somente uma tem o poder de dar o voto decisivo que matará seus sonhos: VOCÊ.

A pessoa transforma-se em seu próprio tirano quando rende sua vontade a pensamentos negativos que descuidadamente permite entrar nas áreas sagradas e desprotegidas da mente! Nesse instante indefeso, nessa ação irresponsável, você se torna seu próprio opressor. Você — e somente VOCÊ — tem o poder de receber, acatar e fomentar os pensamentos negativos que destroem seus sonhos, furtam suas possibilidades de sucesso e o fazem abandonar oportunidades.

De todas as pessoas que habitam o planeta Terra, somente uma tem o poder de dar o voto decisivo que matará seus sonhos: VOCÊ. Esse voto acontece quando você decide parar de ter esperança, deixa de tentar e resolve desistir.

A jaula de tigre de sua mente

A pessoa começa a viver quando decide liberar seu potencial adormecido.

O que é uma jaula de tigre? Um veterano da Guerra do Vietnã respondeu a essa pergunta perante um auditório extasiado. Por quatro anos, fora prisioneiro de guerra encerrado numa jaula para tigres no Vietnã. As guerrilhas comunistas do Vietnã do Sul estavam em constante deslocamento na selva, por isso não punham seus prisioneiros em cadeias, mas em pequenas prisões ou celas de transporte fácil e rápido. Essa foi a origem da jaula de tigre. Feitas de bambu, as pequenas celas mediam 1,50 metro de largura por 1,20 metro de comprimento. Eram pequenas demais para um norte-americano, geralmente alto, poder espichar-se. Ano após ano, os prisioneiros norte-americanos permaneciam apertados e amontoados nessas cadeias portáteis.

"Certa noite, porém, consegui soltar uma cana de bambu. Isso era tudo de que necessitava para a liberdade", disse o piloto naval a seu fascinado auditório.

Olhei para esse grupo confortável e próspero, num luxuoso salão de festas de um hotel na Califórnia, e vi não

Você pode ser quem deseja

somente um piloto naval que conseguira escapar, mas também o rosto de centenas de pessoas presas nas armadilhas das jaulas de tigre de sua própria fabricação.

Aprisionadas nos recessos da mente de cada pessoa, escondem-se enormes possibilidades que nunca tiveram oportunidade de serem realizadas. Poder algum na terra é maior que o poder humano de sonhar, visualizar e imaginar. Sofrimento humano algum é mais trágico que ver seres humanos viverem, e finalmente morrerem, sem ter jamais liberado os poderes da imaginação criadora dados por Deus. Desde a infância, passando pela adolescência, até a idade adulta, permitimos que se construa uma jaula de tigre ao redor de nossa mente, e essa jaula sufoca nossos impulsos criadores. Isso poderia explicar por que testes têm mostrado que alguns meninos superam executivos de primeira classe na resolução de problemas que exigem altíssimo poder mental. Quanto mais vivemos, mais limitamos nossa imaginação criadora.

> Afrouxe as barras da sua mente.

Para tornar-se a pessoa que deseja ser, é preciso que você primeiro afrouxe as barras de sua mente. Neste livro, você aprenderá a afrouxar, arrancar, soltar a pontapés ou manobrar sigilosamente as barras da jaula de tigre de sua mente a fim de livrar-se delas.

Elimine o temor do fracasso

Uma grande barra da jaula de tigre de sua mente é o *medo do fracasso*. Nada bloqueia mais a criatividade dinâmica que esse temor. Por quê? Porque o temor do fracasso, na verdade, é medo da vergonha. A necessidade de autoestima é uma das

21

necessidades humanas mais profundas. Instintivamente, evitamos expor nossa dignidade ao risco do ridículo! Somos inclinados a fazer um jogo seguro e evitar a possibilidade de fracasso. Arranque de seu pensamento esse conceito negativo e aprisionador. Como? Lembre-se de que o delito não consiste no fracasso, mas nas metas reduzidas.

Não ganhar não é pecado

Tentar fazer algo grande e fracassar pode ser uma das melhores coisas em sua vida! Sempre fico encantado ao conhecer pessoas que ousaram tentar!

Com frequência, tenho pensado que gostaria de instituir um prêmio nacional, intitulado "Prêmio ao fracasso mais glorioso do ano". Esse prêmio seria concedido anualmente a pessoas que tentaram corajosamente vencer obstáculos avassaladores, mas não conseguiram! A verdade, evidentemente, é que essas pessoas não são um fracasso de modo algum! Como pessoas, são vencedoras autênticas com todas as honras, pois o fracasso não consiste em não atingir a meta proposta. O verdadeiro fracasso é falhar em subir tão alto quanto possível. Pessoa alguma jamais saberá verdadeiramente que teve êxito até experimentar um fracasso aparente. O saltador com vara não pode ter certeza de ter pulado o mais alto que lhe é possível até que derrube o travessão! Continue elevando suas metas até que tenha um fracasso! Então, e somente então, saberá que chegou ao topo. Você terá verdadeiramente triunfado quando tiver experimentado um fracasso aparente.

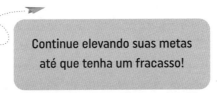

Continue elevando suas metas até que tenha um fracasso!

Você pode ser quem deseja

Aprenda os truques para resolver problemas

Você tem, porventura, inclinação natural a permitir que os problemas o impeçam de sonhar? Se assim for, há outra barra a mais na prisão de sua mente, que será necessário arrancar. É absolutamente essencial que você desenvolva uma filosofia sensata e prática para resolver os problemas.

Resolva seus problemas, ou seus problemas eliminarão você

Se apenas uma das verdades deste livro chamar a sua atenção, que seja esta: Jamais entregue a liderança de sua vida a problemas reais ou imaginários. Os *pensadores de possibilidades* são motivados pelos problemas. Sabem que cada problema é uma oportunidade para serem criativos. Os problemas detêm os que pensam negativamente, mas impulsionam os *pensadores de possibilidades*. Os problemas paralisam os *pensadores de impossibilidades*, mas mobilizam os *pensadores de possibilidades*. Tome agora a resolução de nunca deixar que os problemas o impeçam de sonhar! Simplesmente resolva que, se você tem inteligência suficiente para imaginar um problema, tem inteligência suficiente para descobrir a solução! Lembre-se: Se a sua imaginação criar problemas tão rapidamente quanto cria oportunidades, isso é ótimo! Pode ser a maneira de Deus testá-lo para ver se você tem fé suficiente para começar. Se visualizar grandes possibilidades cercadas por obstáculos, isso é maravilhoso! Dê a Deus a oportunidade de realizar alguns milagres! Milhões de milagres estão acontecendo todos os dias. Por que não ter a audácia suficiente de reivindicar sua parte?

> Jamais entregue a liderança da sua vida a problemas.

A tirania das recordações desagradáveis

A tirania de recordações desagradáveis é outra barra na jaula de tigre de sua mente? Assombram-no velhas ofensas e desilusões, fracassos ou rejeições? Na verdade, você não precisa entregar seu futuro a essas forças negativas. Deixe que essas memórias desagradáveis morram. Não permita que esses fantasmas dirijam sua mente.

Faça que seus sonhos, não seus arrependimentos, tenham controle sobre sua vida. Libere sua imaginação criadora da tirania das recordações que deprimem. Hoje é o começo de uma nova aventura. Imagine as coisas incríveis que poderiam acontecer a você amanhã. Logo você terá um novo passatempo: colecionar recordações felizes! Haverá mais uma barra solta em sua jaula de tigre! Prossiga! Não tenha medo das experiências ruins. Antes, tema que, se não tentar de novo, perderá sua grande oportunidade de começar a ter uma vida realmente feliz!

Construa uma autoconfiança poderosa

Outra barra na jaula de tigre que embota nossa criatividade é a falta de confiança em nós mesmos. Se você pensar que é inferior, terá um fracasso desastroso. Se acreditar de antemão que os problemas o bloquearão e o derrotarão e que, se você tentar simplesmente, se magoará de novo, já terá criado outro conceito opressivo em sua mente: "Não posso fazê-lo! Não funciona comigo!". A autoimagem negativa se tornará outra barra na jaula de tigre de sua mente.

Destrua essa cadeia escravizadora com afirmações poderosas, cheias de fé:

"Se Deus é por mim, quem poderá ser contra mim?"
"Posso fazer todas as coisas em Cristo que me fortalece."
"Todas as coisas me são possíveis se eu tiver fé."

Você pode ser quem deseja

Eu quebrei a corrente dos sentimentos de inferioridade dentro de mim e adquiri a confiança em mim mesmo com base nestes textos: "Estou convencido de que aquele que começou boa obra em vocês [ele tem lhe dado a vontade, a esperança, o sonho, o desejo], vai completá-la até o dia de Cristo Jesus [ele dará a você o segredo, a força e capacidade para ter êxito]"[1] e "pois é Deus quem efetua em vocês tanto o querer quanto o realizar, de acordo com a boa vontade dele".[2]

Decore esses textos e preencha seus pensamentos com eles.

Um turista que caminhava pela beira do cais viu um pescador apanhar um grande peixe, medi-lo e jogá-lo de volta ao mar. Pegou outro peixe, menor que o anterior, mediu-o e o colocou no balde. Estranhamente, descartava todos os peixes que mediam mais de 25 centímetros de comprimento. Os que mediam de 25 centímetros para baixo, conservava. Curioso com a maneira de proceder do pescador, o turista indagou:

— Desculpe-me, mas por que você guarda os peixes pequenos e joga fora os grandes?

O velho pescador levantou os olhos, encarou o jovem e, sem pestanejar, respondeu:

— Ora, porque minha frigideira só tem 25 centímetros de diâmetro!

Tolice? É claro que sim. Mas é o que ocorre conosco quando jogamos fora as maiores ideias e os sonhos mais belos que nos vêm à mente simplesmente porque nossa experiência é limitada demais e a confiança em nós mesmos é demasiadamente subdesenvolvida para nos capacitar a aproveitar as grandes oportunidades que Deus nos envia!

[1] Filipenses 1.6, Nova Versão Internacional.
[2] Filipenses 2.13, Nova Versão Internacional.

VOCÊ PODE SER QUEM DESEJA

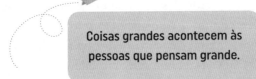

Coisas grandes acontecem às pessoas que pensam grande.

Comece a crescer agora. Pense grande. Coisas grandes acontecem às pessoas que pensam grande. Nada de grande acontece para quem pensa pequeno. Você pode tornar-se a pessoa que deseja ser. É possível. Você descobrirá isso ao começar a se libertar da jaula de tigre do pensar impossibilidades.

Entre nesta grande aventura de descobrir a vida linda que Deus tem planejado para você. Una-se à multidão de *pensadores de possibilidades* enérgicos, apaixonados e juvenis.

Dez mandamentos para os pensadores de possibilidades

Há dez regras que você deve seguir ao ler estas páginas. Se as ignorar, será privado de estímulos incomensuráveis, de realização e sucessos. Chamo esses princípios de dez mandamentos dos *pensadores de possibilidades*. É imperativo que você tome conhecimento deles agora, logo no início, antes mesmo de tentar expandir seu intelecto.

1. Jamais rejeite uma ideia por achar que "é impossível".
2. Jamais bloqueie um pensamento útil por trazer problemas, nem espere para começar até que encontre solução para cada problema.
3. Não se oponha a uma possibilidade por nunca tê-la experimentado e não poder imaginar como levá-la a cabo.
4. Jamais obstrua um plano por conter riscos de fracasso.

5. Jamais coopere para a derrota de uma sugestão potencialmente boa por ver que alguns aspectos dela não são bons.
6. Jamais sufoque uma ideia criadora pelo fato de ninguém ainda ter conseguido aperfeiçoá-la.
7. Jamais declare que qualquer conceito construtivo seja impossível por lhe faltar tempo, dinheiro, cérebro, energia, talento ou capacidade para explorá-lo.
8. Jamais rejeite um plano ou um projeto simplesmente por ele ser imperfeito.
9. Jamais resista a uma proposta por não ter sido de sua criação, ou porque não receberá o crédito e não obterá benefícios pessoais dela; tampouco por achar que não viverá para vê-la concretizada.
10. Jamais desista por ter chegado ao fim do caminho. Procure outra estrada e siga adiante.

Agora comece a sonhar! Assegure-se de que seus sonhos sejam grandes o suficiente para que Deus caiba neles!

CAPÍTULO 2

Determine suas metas, e elas o impulsionarão

Que metas você determinaria para você mesmo se soubesse que não iria falhar?

Que sonhos esboçaria se tivesse recursos financeiros ilimitados?

Que planos faria se tivesse trinta anos para realizá-los?

Que projetos elaboraria se tivesse a sabedoria para resolver qualquer problema e o poder de anular todos os obstáculos?

Em que tarefas formidáveis estaria ocupado hoje se tivesse a capacidade de vender suas ideias a uma pessoa poderosa?

Que papel você deveria desempenhar no drama da vida humana? Torne claro seu papel antes de determinar sua meta, pois do contrário encontrará confusões e frustrações. Os conflitos nos relacionamentos interpessoais resultam, com frequência, de uma interpretação errônea dos papéis que cada um deveria desempenhar. Eis uma fórmula simples para o êxito: Meta + Sacrifício = ÊXITO. Primeiro defina seu papel; só depois prepare-se para determinar sua meta. Esteja preparado para pagar o preço em termos de tempo, dinheiro, energia e de compartilhar os méritos e você triunfará.

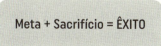

Meta + Sacrifício = ÊXITO

Agora volte às perguntas feitas no começo deste capítulo e medite lenta e cuidadosamente sobre elas. Não se deixe frear pelos fracassos passados. Quando o sol despontar amanhã, iluminará uma porta aberta que indicará a você a entrada em um novo mundo, a Terra do Começar de Novo! Reler as questões propostas anteriormente vai preparar você para essa experiência fantástica.

Estire ao máximo sua mente antes de rascunhar suas metas. O atleta não começa uma série de exercícios ou inicia uma maratona sem antes fazer alongamento. Esse é o objetivo das perguntas inseridas neste capítulo. Ao pensar sobre elas, você descobrirá que sua imaginação criadora começará a enfocar emocionantes possibilidades!

Agora você está pronto para rever, reavaliar, revisar e reprojetar as metas de sua vida.

O êxito, ou o fracasso, começa justamente aqui. Determine metas reduzidas e obterá realizações reduzidas. O determinar metas — talvez mais que qualquer outro fator na vida — definirá se você alcançará ou não o que deveria alcançar na vida.

Mire em nada e acertará

Na fixação das metas, portanto, se inicia o êxito ou o fracasso de nossa vida.

No Instituto para a Liderança de Igrejas com Êxito, que dirijo em Garden Grove, Califórnia, procuramos fazer de pastores e líderes religiosos dinâmicos pensadores positivos. Pedimos aos pastores que escrevam em uma folha de papel suas metas a curto, médio e longo prazos. Dos mais de 2 mil formandos, somente uma vez li metas que me fizeram exclamar "São irreais demais; elevadas demais! Rápidas demais!". Quase sempre, as metas fixadas pelos alunos do Instituto são demasiado baixas, mas não demasiadamente lentas.

Determine suas metas, e elas o impulsionarão

Existem princípios universais que podemos usar para fixar as metas de nossa vida profissional e pessoal? Por certo que há. Vejamos alguns deles.

Considere os seus talentos

Os *pensadores de possibilidades* começam a fixar suas metas examinando realisticamente os talentos que receberam de Deus.

Faça uma lista das coisas que acha que faz bem e depois uma lista das coisas que gostaria de fazer bem. Analise as duas listas. Descubra seus talentos ocultos, mas de modo realista. Eles estão aí! Procure-os.

Jim Poppen foi uma nulidade no ensino médio. Os professores facilmente poderiam tê-lo considerado um rapaz de inteligência e talentos abaixo da média. Agora, fazendo um retrospecto, percebemos que não lhe faltava talento — faltava-lhe somente motivação, que era o resultado da ausência de metas desafiadoras. Quando mostrou um vago interesse pela medicina, seu pai, que era fazendeiro, fez os preparativos necessários para que Jim entrasse para uma escola onde essa inclinação pudesse ser testada. Um primo de Jim Poppen, membro da diretoria de minha igreja, diz: "Ninguém jamais teria apostado um centavo em que Jim chegaria a ser alguém".

O jovem foi para casa nas férias de Natal. Era uma noite fria e escura no estado de Michigan. Na quietude da noite, o pai acordou com sons estranhos vindos da cozinha que estava em total escuridão. Silenciosamente, tateou até lá, acendeu a luz e viu seu jovem filho estirado no chão da cozinha, envolto num emaranhado de cordas amarradas nas pernas das cadeiras velhas.

— Meu filho ficou doido! O estudo foi demais para sua mente! — foi o que o pai pensou. Antes de poder pronunciar qualquer coisa, Jim gritou:

33

VOCÊ PODE SER QUEM DESEJA

— Apague a luz, papai! Na escola de medicina, no mês passado, descobri o cérebro humano. Vou ser neurocirurgião. É por isso que tenho de aprender a dar nós no escuro.

Seria possível que os dedos grossos de um filho de fazendeiro e a mente indisciplinada de um estudante medíocre conseguissem o talento necessário para fazer isso? Bem, ele conseguiu!

Anos atrás, a caminho do meu escritório, ouvi quando o repórter de uma emissora de rádio anunciou:

> Deram um tiro na cabeça de Robert Kennedy, candidato à presidência dos Estados Unidos. Seu estado de saúde é considerado grave e, neste momento, está num hospital em Los Angeles. Não temos mais detalhes. Entretanto, divulgou-se que a família Kennedy solicitou a presença do mundialmente famoso neurocirurgião de Boston, o doutor James Poppen, que neste instante voa para Los Angeles.

Só Deus sabe que talentos adormecidos estão ocultos em nosso interior, esperando para serem despertados! Seja o que for que você fizer, sempre permita que seus desejos futuros, jamais suas derrotas passadas, fixem suas metas!

Tenho uma amiga que começou a estudar piano aos 60 anos de idade. Dois anos mais tarde, sabia o suficiente para dar aulas para crianças. A meiguice, a amabilidade e o coração bondoso dessa mulher conquistaram o amor de seus pequenos alunos. Perguntei-lhe, certo dia:

— Não é preciso ser muito hábil para poder ensinar?

— Nem tanto. Mas é preciso ser melhor que os alunos! Só ensino a principiantes e fico sempre um passo à frente deles!

Explore seus interesses latentes. Descubra talentos insuspeitos. Lembre-se disto: O fato de existir mais pessoas "talentosas" fracassadas que pessoas "sem talentos" de sucesso prova que o talento latente não é o ingrediente mais importante para obter o que se deseja ou tornar-se a pessoa que se almeja ser.

Considere os impulsos dados por Deus

Em inumeráveis ocasiões, não é o homem que tem talento que recebe o prêmio, mas o que está seguro de que pode alcançar sua meta. Fato poderoso é este: Aliar um grande impulso a uma determinação vigorosa e a um anelo consumidor facilmente compensará os talentos escassos ou limitados.

Segundo o padrão do *pensador de impossibilidades*, seria impossível alguém marcar um gol de uma distância até hoje inigualada na história do futebol americano profissional. Mas ninguém disse isso ao autor do chute, e ele fez o impossível. A maioria dos torcedores de futebol conhece Tom Dempsey. Ele nasceu sem os dedos do pé direito e com o braço e a mão direitos deformados. Embora tenha superado com êxito sua desvantagem física e tenha jogado futebol muito bem no ensino médio e na universidade, os clubes profissionais não o aceitaram em seu time, alegando que lhe faltava a "garra" que faz o profissional. Ele não aceitou tal veredicto:

— Nunca aprendi a desistir. Tantas vezes tenho visto na vida e nos esportes as coisas darem meia-volta simplesmente porque alguém perseverou, alguém conservou a fé.

Tom Dempsey acrescentou estas palavras de testemunho acerca de sua própria família:

— Meus pais foram abençoados com esse tipo de fé.

Finalmente, Dempsey foi contratado pelo time do New Orleans Saints.

O *field goal* (que vale três pontos) de Dempsey decidiu uma partida muito dura entre o Detroit Lions e o New

Orleans Saints. No instante em que parecia que o Saints tinha a vitória contada, e somente com onze minutos por jogar, o Lions marcou um *field goal* à distância de 18 jardas (16,38 metros) que o colocou na frente 17-16. Parecia que tudo havia terminado. Em duas jogadas, o New Orleans Saints levou a bola até sua própria linha de 45 jardas (41,17 metros). Faltavam somente dois segundos de jogo. O diretor técnico do New Orleans Saints indicou a Tom que procurasse marcar o *field goal* mais longo jamais executado. A distância entre seu pé e a meta era de 63 jardas (57,33 metros). Até esse momento, o *field goal* mais longo anotado no futebol americano profissional era de 56 jardas (48,33 metros). Tom estava tão longe da meta que, embora no momento em que fez contato com a bola tivesse percebido que ia em linha reta, não tinha certeza de chegar à linha de gol. A certeza veio quando o árbitro sacudiu os braços para indicar a marcação do gol. New Orleans Saints era o vencedor. Tom ouviu alguém comentar depois da partida: "Incrível!".

Tom simplesmente sorriu porque seus treinadores e diretores técnicos nunca lhe haviam falado em termos negativos. Nos próprios dizeres de Tom, "Estavam sempre tão ocupados em encorajar-me que se esqueceram de dizer o que eu não podia fazer!".

Uma das perguntas mais desconcertantes que aguarda resposta sensata dos psicólogos de hoje é se um impulso fervente pode criar talento onde presumivelmente ele não existe. Há cada vez maiores evidências de que isso seja verdade. John Stewart, o astro da companhia de ópera da cidade de Nova York, recebeu dos "peritos" o diagnóstico de que sua voz "não era a voz de um cantor profissional". Aconselharam-no a desistir de suas intenções de seguir a carreira de cantor e dedicar-se ao ensino da música. Hoje ninguém duvida de

Determine suas metas, e elas o impulsionarão

que ele tem talento. Parece que talento é a descrição dada por um público que aprova a disciplina, a determinação e a dedicação de um sonhador invencível impulsionado por um desejo ardente de triunfar.

Tem o deficiente mental o talento natural para conseguir instrução? É claro que não! Pelo menos assim têm dito os especialistas. Entretanto, visitei a seção dos deficientes mentais da escola pública de Mitchell, em Dakota do Sul, e vi 12 jovens aferrados a um desejo indescritível de aprender.

Três semanas antes, numa visita a uma escola similar na Califórnia, o diretor, especialista no ensino de crianças afetadas pela síndrome de Down, disse-me: "Estas crianças não têm capacidade de aprender a ler ou escrever. Entretanto, ensinamos a elas o significado de algumas figuras como perigo, saída e 'cavalheiros' e 'senhoras' ". Fiquei impressionado com esse grau de aprendizagem até a professora em Dakota do Sul fazer que sua classe lesse *sentenças inteiras!* "Nem começamos a descobrir o grau de talento destes jovens", disse ela, com os olhos brilhando de entusiasmo. "E confidencialmente", disse ela em voz baixa, apontando para um dos melhores leitores de olhos amendoados, "aquela menina tem um QI de somente 41".

Dr. Irving Stone, eminente psicólogo, especialista em crianças deficientes mentais, do Hospital Estadual de Fairview, em Costa Mesa, Califórnia, escutava-me atentamente enquanto eu dava o testemunho anterior. "É verdade", exclamou com entusiasmo o brilhante médico, "chegamos à conclusão de que, quanto à capacidade de aprender dessas crianças, devemos modificar totalmente a política adotada até o momento, porque qualquer coisa é possível!". Então, com um vislumbre de humilde penitência profissional, acrescentou: "Agora sabemos que temos limitado essas pessoas por nossa própria falta de fé no imenso potencial que está adormecido numa mente deficiente. Agora parece que nossa mente é que tem sido tardia em imaginar o que pode executar se for motivada adequadamente, inspirada e treinada".

Considere os desafios que o confrontam

Redescubra o princípio universal de que cada problema é uma oportunidade! Dificuldades, muitas vezes, tornam-se desafios para torná-lo uma pessoa maior, melhor, mais ampla e mais formosa que antes.

Em meu livro *O pensamento da possibilidade conduz ao êxito*, apresento a história de Norm e Sarah Rassmussen. Quando seu quinto filho nasceu com síndrome de Down, transformaram seu problema num projeto e adotaram outras quatro crianças que tinham o mesmo problema. Agora há um capítulo novo em sua história. Norm, engenheiro aeroespacial, perdeu o emprego durante uma redução de pessoal. Em vez de considerar seu desemprego um problema, viu-o como uma oportunidade. Com essa atitude, ocorreu-lhe uma ideia. Ele e Sarah dedicaram seu tempo em formar um lar adotivo para crianças com síndrome de Down.

> Comece a produzir no lugar em que está.

Você precisa de ajuda para fixar suas metas pessoais? Considere o desafio que enfrenta neste instante. Se estiver no hospital, sua meta para hoje pode ser levantar um braço, amanhã levantar uma perna; a seguir, pode ter como meta deitar-se de lado, depois levantar-se e andar até o banheiro e, em seguida, sentar-se na cadeira; então, certo dia, andar pelo corredor e, por fim, ir para casa! Devagar se vai ao longe!

Lembre-se disto: Ao fixar suas metas, comece a produzir no lugar em que está.

Sua atitude mental em relação ao lugar onde se encontra em determinado momento é de máxima importância. Se achar que é impossível, então seu maior problema é *você* mesmo! Se "pensar possibilidades", compreenderá que cada dificuldade é um chamado ao triunfo pessoal.

Ao descobrir a solução para um problema difícil ou ajustar-se a uma situação penosa, conhecerá o sentimento elevado e feliz que vem com a experiência do triunfo pessoal.

Certa vez, dirigindo pelo deserto, o pneu do meu carro furou. Suspendi a parte de trás do carro com o macaco e, quando tentava tirar o pneu, o macaco quebrou e o carro despencou. Fiquei sem ação. Não havia jeito de levantar o carro.

— Espere um instante! Cavemos um buraco — sugeriu minha esposa. E assim fizemos. Felizmente, estávamos parados no desnível da estrada, não no asfalto. A terra era dura como cimento. Mas com a chave de rodas comecei a cavar. Pedra após pedra, pedregulho após pedregulho, consegui fazer um buraco suficientemente fundo para retirar o pneu furado, colocar o sobressalente e apertar os parafusos da roda. Foi tremenda a euforia que senti por esse triunfo pessoal! Não há problema que não possa ser transformado numa vitória pessoal, fazendo que a vida seja uma verdadeira aventura do começo ao fim!

Se você nunca desafiar os problemas pessoais, jamais será capaz de provar a euforia de um triunfo pessoal!

Considere os valores que regem sua vida

Fiquei chocado ao saber que um ex-presidiário leu meu livro sobre pensar possibilidades e essa leitura o inspirou na realização de um assalto incrível. Ele estava pensando possibilidades, mas do tipo errado.

É de máxima importância, na fixação de metas, considerar o sistema de valores pelo qual regerá sua vida. *Se seus valores mais elevados forem o dinheiro ou objetos materiais*, as perguntas que deverá fazer antes de fixar suas metas são:

- Quanto custará?
- Quanto dinheiro ganharei?
- Quais são as margens de lucro?

Se seu valor principal for segurança, deverá fazer estas perguntas antes de fixar suas metas:

- Posso ter certeza de sucesso?
- É arriscado?
- Há possibilidade de fracasso?

Se o Espírito de Cristo habita em você, então sua vida será regida pelo sistema de *valor de serviço* que consiste em valorizar grandemente os atos de serviço aos nossos semelhantes; atos despojados de todo egoísmo. Assim, as primeiras perguntas que levantaremos ao fixar nossas metas serão:

- Isto ajudará as pessoas que sofrem?
- Isto me tornará uma pessoa mais bonita?
- Isto despertará meus melhores sentimentos ou trará à luz o pior de minha natureza?
- Será esta uma oportunidade de provar minha fé em um grande Deus?

O homem nem sempre consegue determinar suas metas, mas as metas determinarão o homem.

Determine suas metas, e elas o impulsionarão

Se estiver verdadeiramente comprometido com um sistema de valores, poderá tomar, rápida e confiantemente, as decisões mais transcendentais. Como clérigo, exerço a presidência das juntas oficiais de três igrejas diferentes. Toda vez que alguém sugere uma ideia positiva, fazemos estas três perguntas: Trata-se de algo realmente importante para Deus? Ajudará os que sofrem? Há alguém que já está fazendo isso? Se a resposta às duas primeiras perguntas for *sim* e a resposta à terceira for *não*, a decisão está tomada. Deve ser feito! Resolvemos fazê-lo e confiamos em que resolveremos os problemas à medida que aparecerem. Não permitimos que tempo precioso e energia mental criadora de valor incalculável sejam desperdiçados com demora, debate e tomada de decisão. A decisão foi tomada. Levaremos a cabo a ideia. Nós mesmos a realizaremos ou abriremos uma brecha para estimular outros, ou constituiremos uma nova organização ou corporação, ou uma comissão executiva, para pôr mãos à obra. Seja confiante! Se tomar uma decisão errada, simplesmente significa que deve tomar outra.

Numa viagem que fiz para a Força Aérea ao Oriente, contaram-me de um general dinâmico que notou que os civis do Vietnã estavam sofrendo com a falta de medicamentos e perguntou por que não se tomavam medidas para remediar a situação. Disseram-lhe: "É uma situação impossível". Ele chamou seu imediato e ordenou: "Reúna as pessoas mais capacitadas de nossa unidade militar, e que elaborem uma solução para esse problema. Não quero que percam um só minuto decidindo se podem fazer ou não. Ordeno que ocupem cada minuto e gastem cada grama de energia mental pensando em como poderemos *construir* um hospital, totalmente equipado — AGORA!".

41

O oficial que recebeu a ordem comentou mais tarde: "Foi assombrosa a maneira em que surgiram as ideias criadoras quando nos reunimos para tratar do problema! Em sessenta dias, o hospital estava em pleno funcionamento".

Analise os recursos disponíveis

Analise os recursos disponíveis atualmente. Não só os recursos que você tem à mão, mas os recursos disponíveis no mundo todo!

Não ter tempo, talento, dinheiro, inteligência, habilidade, energia nem organização não são desculpas para não tentar se sua causa for justa! Poder mental, poder financeiro, força e energia são abundantes no mundo e gravitam, como o pó de ferro se ajunta ao redor do ímã, em torno das pessoas que têm grandes ideias e que pensam grande.

Talvez o tempo seja sua maior dificuldade. Mas é possível, em muitos casos, comprar o tempo. Talvez você devesse contratar mais pessoas para fazer o trabalho mais depressa. Não tem recursos? Então, o seu problema não é tempo, mas dinheiro. Os problemas financeiros são muito mais fáceis de ser resolvidos!

Na fixação de metas, o tempo é um dos recursos que mais merece sua consideração. Fundei a Igreja da Comunidade de Garden Grove com a idade de 28 anos. "Aqui passarei meus próximos quarenta anos", sonhei. E é certo que esta atitude fez que meu sonho se multiplicasse ao infinito!

Uma palavra de advertência aos cidadãos idosos: Não subestimem o tempo que ainda resta a vocês! Ao terminar uma conferência sobre a arte de imaginar possibilidades, em viagem de navio pelo oceano Pacífico, um ouvinte entusiasta me disse:

Determine suas metas, e elas o impulsionarão

— Como gostaria de ter ouvido suas palavras trinta anos atrás! A esta altura, seria um milionário! — O homem parecia ter uns 57 anos de idade.

— Quantos anos você tem? — perguntei.

— Já cheguei aos 68 anos — respondeu ele sorrindo.

— Então, não está velho demais para começar! — desafiei-o. — Você tem uma aparência tão jovem e saudável que poderia chegar aos 98 anos — e para isso lhe faltam ainda trinta anos! Comece hoje, senão daqui a vinte anos você estará se queixando: "Por que não comecei vinte anos atrás quando ainda era jovem?".

Se sua idade for tão avançada a ponto de achar que não terá o tempo necessário para ver seu sonho tornar-se realidade, qual o problema? Entre os recursos de que você dispõe, não conte o tempo que Deus lhe deu, mas o tempo de que Deus dispõe. Meu pai plantou um pomar de macieiras quando tinha quase 80 anos de idade porque sabia que Deus faria que as árvores frutificassem para alguém, algum dia!

A verdade é que todos nós temos incríveis e desconhecidos recursos!

Um amigo meu viu um arquivo de quatro estantes cair sobre seu filhinho, quando este tentava subir no arquivo. De um salto, o pai levantou o arquivo de 180 quilos, libertando o filhinho machucado.

— Não sei de onde me vieram a força e a energia para fazer isso — disse ele.

Deus tem recursos ilimitados à disposição dos que pensam grande e creem profundamente.

Leve em consideração as oportunidades que o cercam

Finalmente, você tem a liberdade de escolher praticamente qualquer carreira que desejar. Pense em termos de oportunidades e fixe suas metas!

VOCÊ PODE SER QUEM DESEJA

Um jovem de 18 anos de idade disse-me recentemente:
— Gostaria de ganhar, durante minha vida, 1 milhão de dólares e, ao morrer, entregar esse dinheiro a grandes causas que dele necessitem desesperadamente. Mas acho que não conseguirei.
— Você crê que pode chegar aos 78 anos de idade? — perguntei-lhe.
— Sim, posso — respondeu ele.
— Então, posso mostrar-lhe a maneira pela qual se tornar milionário — prometi. — Simplesmente exercite o *pensar possibilidades* e planeje sua vida. Eis a *maneira* de fazer isso: Trabalhe, ganhe e economize 1.500 dólares no ano que vem. Aumente essa quantia em uma média de 2 mil dólares por ano para os próximos vinte anos. Com a idade de 38 anos, você terá uma poupança de 40 mil dólares. Então, aplique essa quantia a juro de 8% ao ano. Assegure-se de que o juro seja composto. Organize uma empresa sem fins lucrativos para conservar esse dinheiro. E, sem precisar acrescentar mais economias, seus 40 mil dólares se transformarão em 1 milhão de dólares em quarenta anos! Quando você estiver com 78 anos, terá o milhão de dólares para doar! Isso é uma questão de matemática. — Ele ficou espantado!
— Farei isso! — disse ele. E creio que realmente fará!

Um menino aproximou-se de um rico construtor, que da calçada examinava a estrutura do alto edifício que estava construindo.
— Diga-me, moço — perguntou o menino —, como posso ter sucesso como o senhor, quando eu crescer?
O construtor, de cabelos grisalhos, sorriu suavemente e então falou na linguagem rústica de sua profissão:
— É fácil, filho. Compre uma camisa vermelha e trabalhe feito louco.

Percebendo que o jovem não havia compreendido, o rico construtor de arranha-céus explicou, apontando para a estrutura ainda nua do novo edifício que construía.

— Está vendo aqueles homens lá em cima? Vê o homem de camisa vermelha? Nem mesmo sei o nome dele. Mas tenho notado que ele trabalha duro. Um desses dias, precisarei de um novo superintendente. Chegarei àquele indivíduo e direi: "Ei, você aí da camisa vermelha, venha aqui!" — Ele terá a grande chance!

Lembre-se: A razão de a maioria das pessoas fracassar não é por não ter talento, dinheiro ou oportunidade; fracassa porque nunca planejou ter sucesso. Planeje seu futuro, pois terá de viver nele!

Se falhar em planejar, planejará falhar

Em 1955, fiz planos para começar uma nova igreja. Começamos com 500 dólares, minha esposa como membro e o local de pregação, um cinema *drive-in*. Fiz um quadro mental da igreja que esperava construir: jardins, flores, gente, diretoria. Hoje os visitantes caminham pelos jardins do prédio de quase 9 hectares. Sobem de elevadores de vidro até a capela do céu, no 15º andar. Ficam impressionados. Incrédulos.

— Isso não me surpreende nem me impressiona — respondo com total honestidade; — afinal de contas, foi assim que planejamos tudo isso!

Fixe metas definidas. Escreva-as. Desenhe-as. Imprima--as no seu subconsciente pelo canal do vídeo de seus olhos. Então, afirme positivamente, *em voz alta*, sua esperança de realização. Visualize e depois verbalize suas metas. Ao fazer isso, estará condicionando seu subconsciente por intermédio das partes auditiva e visual do seu corpo e da sua mente. Repita esse tratamento condicionador da mente todos os dias e instruirá seu subconsciente a levar sua vida em direção da realização de determinadas metas. Fixe um horário para cada etapa a fim de exercer pressão sobre você mesmo para começar e continuar a progredir constantemente em direção ao seu ideal. É importante que você delimite um período de tempo em que cada fase deve ser executada. De outra forma, a procrastinação e a demora dirigirão seu projeto, e com tais comandantes jamais atingirá suas metas.

Pergunte-se: Qual seria uma grande coisa que posso fazer com minha vida antes de morrer? Qualquer que seja essa coisa, decida fazê-la! Se precisar de mais educação formal, consiga-a! Se é de mais dinheiro que você necessita, encontre-o! Ele está aí, esperando para ser investido em projetos novos e excitantes, planos e pessoas! Se precisar de mais talento, resolva adquirir a habilidade ou contrate alguém já habilitado. Independentemente do que faça, não estrague as oportunidades que estão disponíveis a você. Deus tenta, desesperadamente, instilar um sonho em sua imaginação. Não o destrua dizendo ser impossível.

Seu maior perigo não é o fracasso em alcançar sua meta; o maior perigo é alcançá-la e parar de crescer. Compreenda que a fixação de metas é uma atividade que nunca termina, tanto para as pessoas como para as instituições. É a pulsação que diz a você que ainda há vida.

Certa vez, alguém me disse:

— Espero que o senhor viva o suficiente para ver todos os seus sonhos realizados, sr. Schuller.

Respondi:

— Espero que não! Ou terei morrido antes de morrer fisicamente.

Quando a pessoa realiza sua meta e falha em fixar metas novas, ela para de viver e passa a meramente existir. A pessoa

Determine suas metas, e elas o impulsionarão

morre quando para de sonhar. Não tema a morte. Tema, antes, que venha a parar de viver antes de morrer!

> **A pessoa morre quando para de sonhar.**

Este é um princípio de vida universal: Quando um organismo, um indivíduo ou uma instituição para de crescer, as sementes do declínio, da decadência e da morte são plantadas. Fixe suas metas tão grandes ou expansíveis o suficiente para que, ao alcançá-las, não se sinta enclausurado e não possa mirar novos horizontes. De outra forma, começará a falhar no instante em que começar a ter êxito. Lembre-se do princípio ensinado por A. N. Whitehead, o grande filósofo inglês: os sonhos dos grandes sonhadores, na maioria das vezes, não são realizados; são superados. Portanto, fixe metas excitantes e viva!

CAPÍTULO 3

Princípios básicos para a solução de problemas

Agora prepare-se para os problemas. Pode ter certeza de que um empreendimento que não incorre em problemas não é um projeto digno. Depois de estabelecer as metas, você precisa somente de uma atitude bem desenvolvida do *pensar possibilidades* com respeito aos problemas para ter sucesso.

Meu amigo Walter Burke, que se tornou presidente da Companhia McDonnell-Douglas no início da exploração espacial, disse: "Não existe problema insolúvel. O que parece ser um problema sem solução é, meramente, um empecilho temporário à engenhosidade". Sob sua liderança dinâmica, a companhia acabava de completar o laboratório espacial cujo lançamento estava programado para 1973. Ele me levou para visitar esse laboratório, e depois almoçamos no seu grande e confortável escritório. Por trás da escrivaninha dele, estava pendurada uma cópia emoldurada do *Credo do pensador de possibilidades* que eu havia escrito alguns meses antes. O texto declarava a crença daquela companhia e dizia o seguinte:

Ao enfrentar uma montanha, não desistirei. Continuarei lutando até que possa passar por cima dela, encontrar um caminho através dela, um túnel por baixo dela, ou simplesmente permanecer onde estou e transformar a montanha numa mina de ouro! Com a ajuda de Deus!

Então, Walter Burke revelou esta extraordinária informação: "Anos atrás, quando estudava engenharia espacial, ensinaram-nos que não havia jeito de construir um avião que quebrasse a barreira do som. Primeiro, porque devia ser tão grande e pesado que não poderia voar". Sorriu ao continuar: "Além disso, nossos instrutores informaram-nos que, se por acaso a tecnologia do futuro superasse os problemas do presente, capacitando-nos a criar um avião que realmente voasse mais rápido do que o som, ainda seria impossível tornar real um projeto desse tipo porque qualquer objeto que ultrapassasse a velocidade do som se desintegraria". Não é necessário dizer aos leitores que essas suposições eram infundadas; se não existisse gente como Walter Burke, que procura soluções e crê que todas as coisas são possíveis, ainda estaríamos na era subsônica.

"Há solução para todo problema", escrevi no livro *O pensamento da possibilidade*. Não muito depois, conversei, pelo telefone, com uma universitária que lutava desesperadamente contra um problema que desafiava soluções.

— Dr. Schuller — disse ela com a voz embargada —, eu ia me formar em química. — O chefe do departamento de química a chamara para dizer que tinha visto seu nome na lista dos reprovados em química orgânica e queria saber o que tinha acontecido. Ela chorou histericamente do outro lado da linha. Ao se recobrar, continuou: — O senhor diz que há solução para todo problema, mas não vejo solução alguma para este! Faltam somente três semanas para terminar o semestre; se for reprovada nesta matéria, estarei perdida!

Sabendo de minha ignorância nesse assunto, orava silenciosamente pedindo ao Senhor uma direção. Quando ela terminou, ouvi-me dizer:

— Olhe, volte e diga ao seu professor que você precisa de pelo menos uma nota 8 nessa matéria. Diga a ele que sua carreira toda depende dessa nota. Enfatize também que está disposta a fazer tudo o que for legal e estiver dentro de seu código de ética para conseguir essa nota. Peça-lhe que pense em alguma maneira de você obter êxito nesse desafio!

Princípios básicos para a solução de problemas

Ela fez conforme aconselhei. Seu professor de química ouviu-a e ficou profundamente comovido por sua dedicação, sinceridade e firme determinação.

— Vou dizer-lhe o que posso fazer — disse ele. — Deixarei sua qualificação pendente. No fim do primeiro semestre, você poderá contratar um professor particular para ajudá-la. Durante as primeiras três semanas do semestre seguinte, você fará duas provas que comporão sua nota final do curso.

Ao correr para o quarto, ela chorava de esperança e alegria. Subiu correndo dois lances de escada, jogou os livros sobre a cama e pegou o telefone para me contar as boas-novas. "Há esperança", gritou. Logo contratou um professor particular. Concentrou-se, fez perguntas, resolveu problemas. Após seis dias intensos de estudo, o quebra-cabeça tomava forma em sua mente. Começou a resolver problemas que três semanas antes lhe haviam sido impossíveis solucionar.

Duas semanas depois de iniciado o segundo semestre, ela fez a primeira prova e tirou nota 10. Uma semana depois, fez a prova final e conseguiu nota 9. Hoje sua ficha escolar mostra que ela fez um excelente curso de química orgânica.

> **Jamais acredite que há problema insolúvel.**

O princípio mais importante de uma filosofia que produzirá êxito na resolução de problemas pode ser resumido em seis palavras: Jamais acredite que há problema insolúvel. Mesmo que sinta ser um problema impossível de resolver, não entregue seu objetivo ao domínio desse sentimento negativo. *Jamais profira uma emoção negativa.* Dar voz a uma emoção negativa confunde seu subconsciente. Dá asas a suas dúvidas.

Apoia seus temores e desconfianças. Sem perceber, seus sonhos serão amassados pelo peso do pensamento de impossibilidades que destruirá até o último vestígio de suas metas.

Cuidado com os especialistas em pensamentos negativos

Devo preveni-lo contra a força mais perigosa e mais destruidora da terra. É *o perito em pensamentos negativos*. Por ser ele um especialista, você será tentado a ouvi-lo sem o criticar, confiar nele e desistir! Impressionado pela posição de autoridade que ele ocupa, você terá a tendência de crer nele sem questionar. Ouvimos com nosso grupo, não com nossos ouvidos!

O perito em pensamentos negativos é uma pessoa tão bem treinada e informada, e tem tal conhecimento do assunto, que, se isso jamais se realizar com sucesso, ela saberá e não hesitará um instante em dizer-lhe. Então, com toda a altivez autoritária de um brilhante esnobe intelectual, enumerará todas as razões, reais ou imaginárias, pelas quais tal coisa nunca foi feita com êxito, convencendo primeiro a si mesmo e depois aos outros de que suas palavras são prova de que a ideia é totalmente irreal, incrível, absurda, inimaginável e impossível. Dessa forma, bloqueará o progresso, obstruirá o desenvolvimento, afogará a criatividade, reterá os pensamentos progressistas e atrasará por meses, anos ou décadas os grandes surtos de progresso.

Procure os peritos em pensamento de possibilidades e agarre-se a eles

O perito em pensamento de possibilidades é alguém que, quando diante de um novo conceito, e sabendo que aquilo nunca foi feito antes com êxito, enche-se de entusiasmo pelo

Princípios básicos para a solução de problemas

que vê e sente ser uma grande oportunidade de tornar-se pioneiro nessa área. É estimulado pela oportunidade de descobrir novas soluções para velhos problemas usando o conhecimento de uma nova era para fazer um avanço histórico. Por estar convencido de que sempre há um modo de vencer dificuldades aparentemente intransponíveis, seus poderes criadores são estimulados a produzir resultados espantosos. Usando técnicas de pesquisa avançadas, ele prova que as causas aceitas para os fracassos passados foram, de fato, erros de julgamento feitos por pesquisadores inteligentes aos quais faltavam as ferramentas, as habilidades ou o conhecimento disponíveis atualmente.

O perito em *pensamento de possibilidades* frequentemente descobre que as causas atribuídas a tais fracassos realmente não são causas, mas sintomas que bloquearam os pensadores criativos e impediram-nos de continuar tentando. Como pesquisador cheio de recursos que é, o pensador de possibilidades descobre as causas verdadeiras e então, lançando mão do banco de informações das experiências recentes e bem-sucedidas em campos relacionados ou mesmo não relacionados, constrói uma solução inovadora para um problema antes insolúvel.

Certa noite de primavera, meu telefone tocou.

— O senhor é o dr. Schuller que escreveu *O pensamento da possibilidade?* — perguntou uma voz jovem. Admiti que era.

— Preciso vê-lo — disse ela. — Quero descobrir se o senhor é um farsante ou não.

Surpreso com a franqueza tão direta e percebendo que minha integridade estava sendo desafiada, disse-lhe:

— Está bem. Esteja em meu escritório amanhã de manhã. Eu a verei no intervalo entre as consultas.

Na manhã seguinte, minha secretária sussurrou pelo telefone interno:

— Há uma jovem aqui, a senhorita Barbara Bassinger, que deseja vê-lo. Disse que falou com o senhor ontem à noite e que o senhor lhe disse que viesse.

— Correto. Mande-a entrar.

A porta abriu-se à vista espantosa da coisa mais estranha que jamais havia visto. Sentada numa cadeira de rodas, estava uma moça cercada por uma incrível montagem de metal e couro. Uma rede de correias de metal e couro começava em seus pés, cruzava-se nos tornozelos e ligava-se a aparelhos amarrados nos joelhos. Estes ligavam-se a correias de metal ao longo de ambas as coxas, presas a um cinto de metal preso ao abdômen. Dois olhos negros brilhantes perscrutaram-me através de uma máscara também feita de couro e aço. Ela levantou a mão, e percebi que aparelhos de metal apoiavam ambos os braços.

— Surpreso? — disse ela com uma voz sorridente.

— Devo admitir que nunca vi coisa parecida antes — respondi.

— Sou tetraplégica, e o que causou isso foi uma paralisia cerebral — explicou ela. — Quando criança, os especialistas disseram a meus pais que eu nunca mais andaria e que nunca seria grande coisa na escola. Cresci crendo nisso também, até ouvir as palavras: "Se tiver fé como um grão de mostarda, dirá a este monte: Remove-te, e nada te será impossível". Encontrei um médico que era especialista em pensamento de possibilidades e perguntei-lhe: "O senhor não pode inventar algo que me possa ajudar a nadar?". Antes que ele pudesse responder, eu lhe disse: "Se colocar um aparelho de ferro entre meus tornozelos, minhas pernas não ficarão soltas. E se o senhor espichar minha cabeça com um aparelho no pescoço, firmá-la com barras de ferro presas a uma armadura peitoral e colocar aparelhos entre meus braços para impedi-los de ficar dependurados...". Ele me ouviu, e foi isso que conseguiu fazer. Pensei que o senhor gostaria de ver o resultado.

Eu estava espantado. Sentia piedade fluindo de mim para ela, até que começou a falar novamente:

— Agora, dr. Schuller, eis as boas-novas. EU POSSO ANDAR! — E, com um chiado de couro e barulho de ferro, levantou-se da cadeira de rodas e andou até o redor da sala. Voltando para a cadeira, disse orgulhosamente:

— E acabo de me formar em Artes pela Universidade Estadual de San Diego.

Olhe ao seu redor e descobrirá alguém que você conhece ou de quem já ouviu falar que seja grande pensador de possibilidades. Quando enfrentar obstáculos que pareçam insuperáveis, apegue-se a essa pessoa ou à história inspiradora que ela tenha para contar.

Como desenvolver uma filosofia que assegure o seu sucesso na solução de problemas

1. *Procure os problemas:* Seja o primeiro a ver os problemas e se tornará o líder. A liderança cabe àqueles que pensam primeiro. O líder percebe os problemas que estão anos adiante, muito antes de os outros suspeitarem que esses problemas possam existir. Ele prepara uma análise cuidadosa de cada problema possível e uma lista detalhada de soluções e recomendações bem pensadas como alternativas.

O pensador de possibilidades não ignora os problemas ao apresentar entusiasticamente suas ideias. Sabe que há falhas em cada ideia. Sempre se pergunta: "O que há de errado com a ideia?". Não com a intenção de destruí-la, mas de assegurar-lhe vida. Imaginando cuidadosamente as respostas a possíveis objeções, enfrenta os problemas antes de surgirem. A capacidade de prever problemas é a marca da liderança responsável. Como líder de uma igreja, procuro prever constantemente os problemas que encontraremos em cinco, dez e vinte anos.

2. *Antecipe os problemas:* Se estiver à frente de uma organização e esta não tiver problemas, você realmente tem um problema. Não ter problemas pode ser um problema sério. Na maioria das vezes, indica que você não está progredindo, não está progredindo suficientemente rápido ou não está pensando suficientemente grande. O crescimento sempre é marcado pelas dificuldades. "Ai dos que descansam em Sião." Walter Burke disse: "Precisamos de grandes problemas para conservar nossos engenheiros unidos. Se não pudermos oferecer-lhes desafios grandes, se unirão a uma empresa mais agressiva que possa oferecê-los a eles".

Uma organização que não amplia suas metas nem desafia seus empregados perde seus homens mais enérgicos, dinâmicos, entusiastas e brilhantes que sobressaem quando os problemas são maiores. É por essa razão que todo executivo sabe que a empresa deve crescer e progredir permanentemente ou então morrer. As grandes metas conservam unidos os grandes homens. Lembre-se desta regra: Obstáculos que impedem o crescimento e bloqueiam as metas devem ser retirados a qualquer preço, pois, do contrário, plantam-se as sementes da deterioração e da morte na pessoa, na organização, na empresa, na comissão ou na instituição onde surgirem. A morte começa quando os problemas beiram uma solução. A renovação chega quando surgem novos problemas urgentes, que exigem solução criadora.

3. *Receba os problemas de bom grado:* Considere todo problema como uma oportunidade. Leon Shimkin, presidente da diretoria da grande casa publicadora Simon &

Princípios básicos para a solução de problemas

Schuster, diz: "Em nossa organização, não temos problemas, somente oportunidades".

O problema (oportunidade) pode ser o impulso de que você necessitava para remodelar, reorganizar, reestruturar, rearranjar ou relocar. As pessoas, as tradições, as organizações e as instituições firmemente enraizadas em seus sistemas tradicionais e gastos precisam, em geral, enfrentar enormes problemas antes de pensarem em mudanças. Cada problema é uma oportunidade para ver algo.

Como é que um líder vende uma ideia? Primeiramente, ele chama a atenção para um problema existente ou prestes a aparecer. Em segundo lugar, ele dramatiza o problema. Em terceiro lugar, dá um aspecto emocional ao problema. Em quarto lugar, aumenta o problema, ressaltando que não desaparecerá se for ignorado, mas simplesmente se tornará mais sério. Depois ele oferece todas as soluções possíveis, deixando a melhor alternativa — sua ideia — para o fim. Então, ele ressalta que a solução nunca será mais fácil ou mais barata (que realmente dá resultados) do que neste instante. É claro que ele cronometra cuidadosamente a exposição do problema. Sabe que se esperar que o problema se torne mais complexo poderá vender uma ideia maior. Também sabe que se andar rápido demais venderá simplesmente um reparo. Se esperar um pouco mais, pode vender uma substituição. Seja paciente e venderá uma calça inteira em vez de um remendo. Todo líder, vendedor ou executivo sabe que sem um problema real jamais será capaz de progredir.

4. *Jamais deixe que os problemas o impeçam de tomar a decisão correta:* A fixação de metas, baseada em uma entrega clara a um sistema de valor, leva à tomada de decisão rápida e segura. Você sempre tomará uma decisão baseado no que

59

sabe ser a coisa certa. Não *espere para decidir até que tenha as soluções para cada problema* ou problemas; antes, permita que as possibilidades assumam a liderança de sua vida. Não poder ver soluções para os problemas não dá a você o direito de tomar a decisão errada; e falhar em tomar a decisão correta é decidir tomar a decisão errada.

Nunca confunda as questões que envolvem resolução de problemas com as que envolvem tomada de decisões. Em nossa empresa sem fins lucrativos, basicamente orientada para o serviço e chamado ao trabalho eclesiástico, fazemos algumas perguntas importantíssimas na fase da tomada de decisão: "Ajudará as pessoas que sofrem?", "Será uma grande coisa para Deus?" e "Alguém mais está fazendo algo a esse respeito?". No estágio da tomada de decisão, não consideramos quaisquer questões que pertençam ao estágio da solução do problema que envolvem perguntas tais como: "Quanto custará?", "Onde conseguiremos o dinheiro?", "Quem se juntará a nós para fazer o trabalho?" e "Como encontraremos o tempo e a energia necessários?".

Numa reunião inicial de tomada de decisão, a discussão dessas perguntas de solução do problema é prematura e fora de ordem. As decisões, afinal de contas, nunca são tomadas com base em que todos os problemas são solúveis. Elas se baseiam nos ditames da consciência, entrega, princípio, norma e honra pessoal ou coletiva. Se for a coisa certa — faça-a!

Esclarecendo a distinção entre tomada de decisão e resolução do problema, você evitará o que poderia ser um desperdício de energia criadora. Perdem energia enorme aqueles que não conseguem decidir por serem incapazes de imaginar soluções aos problemas que esperam encontrar. Portanto, a indecisão é cansativa e fatigante!

Princípios básicos para a solução de problemas

Economize a energia mental que seria gasta em debate prolongado e confuso. Tome a decisão correta e libere poder criador enorme ao focalizar soluções inovadoras aos problemas. Verifique de novo o seu suposto problema. Pode ser simples indecisão. Não espere que Deus mostre a você as soluções para os problemas difíceis até que você mostre a ele que possui a fé adequada para tomar as decisões corretas.

5. Analise seus problemas com exatidão: Da mesma forma que há perigo em confundir decisões com problemas, também há o perigo de confundir sintomas com problemas. Até os especialistas cometem esse erro de vez em quando.

O ministro de uma igreja protestante reclamava que perdia sua congregação.

— Qual é o seu maior problema? — perguntei.

— Falta de pessoal capacitado — respondeu ele.

E seguiu-se a seguinte conversa:

— Por que você não tem pessoal capacitado? —perguntei.

— Por falta de dinheiro. Temos problemas financeiros reais.

— Por que vocês têm problemas financeiros?

— Os preços sobem, e o número de membros decresce.

— Em que proporção cresceu o número de membros no ano passado com relação às metas fixadas para aumentá-lo?

— Não tivemos metas de crescimento e não crescemos — respondeu ele.

O ministro, na verdade, tinha somente dois problemas básicos: falta de metas de crescimento e falta de liderança baseada no pensamento de possibilidades. Os demais itens não eram problemas, mas sintomas. Aconselhei-o a fixar metas de crescimento, a ser um tomador de decisões, seguir adiante e resolver os problemas que restringiam o crescimento.

Essa igreja está tomando vida hoje. Depois de analisar mais de 2 mil igrejas nos Estados Unidos, ainda estou para encontrar uma única que tivesse problema financeiro real. O problema é sempre a falta de ideias criativas.

Tome a decisão e você resolverá seu problema

6. *Organize: divida os problemas em partes e vença-os*: Eu estava de pé no segundo andar do laboratório espacial McDonnell-Douglas e maravilhava-me do uso incrivelmente eficiente do espaço. Meu guia explicava o número incrível de problemas "insolúveis" que eram resolvidos nesse primeiro laboratório para três pessoas que seriam enviadas ao espaço exterior muito em breve.

— Como é que resolveram tantos problemas complexos? — perguntei ao sr. Burke. A resposta dele contém princípios universais que lhe podem ser úteis.

— Não importa quão grande seja o problema, divida-o até conseguir a menor porção, então resolva-a e, depois, outra — até que junte as partes resolvidas como se fossem peças de um quebra-cabeça.

7. *Contrate ajuda ou peça a pessoas mais inteligentes que você para ajudá-lo*: Se tiver dificuldades para resolver seu problema, consiga que outros o ajudem. Lembre-se: Quanto maior for o desafio, quanto mais difícil for o problema, maior será sua chance de atrair o apoio de peritos de renome do pensar possibilidades.

Se o seu problema for comum, será fácil encontrar soluções. Outros já encontraram. Se, por outro lado, seu problema for realmente *sui generis*, o primeiro de sua espécie, ou o maior de sua área, você poderá atrair algumas das pessoas mais inteligentes do mundo para ajudá-lo.

Princípios básicos para a solução de problemas

Sucesso, segundo Walter Burke, "é uma questão de não desistir, e fracasso é uma questão de desistir cedo demais". Tendo como base essa filosofia de resolução de problemas, concentremo-nos nos quatro problemas mais importantes que devem ser resolvidos a fim de que você se torne a pessoa que deseja ser.

CAPÍTULO 4

Autoconfiança: Consiga-a! Use-a! Conserve-a!

Um rapaz, imigrante holandês, sonhava ser jogador de beisebol da primeira divisão. Imaginava-se em pé no lugar do lançador. Aos 19 anos, lá estava ele — no limiar de seu sonho.

Uma mulher mexicana, de 21 anos de idade, mãe de dois filhos, abandonada pelo marido, encontra-se numa cidade estranha chamada Los Angeles. Só sabe falar espanhol, e seus bens materiais consistem em 7 dólares. Propõe no coração cuidar de seus filhos e fazer uma nova vida para si mesma. Ela creu que poderia fazer isso e o fez!

O que havia em comum entre essas duas pessoas? Uma autoimagem positiva. Uma força que produz milagres chamada autoconfiança. Todos necessitam dessa força. Se você não a possui, pode obtê-la. Ela o ajudará a destrancar as portas para um futuro assombroso.

A falta de autoconfiança é um dos fatores mais comuns que levam ao fracasso e que deve ser superada se você espera tornar-se a pessoa que deseja ser. Creia-me, montanhas derretem-se diante de pessoas que têm confiança e são seguras de si mesmas.

> "Pense que pode, pense que não pode; em ambos os casos, você terá razão."
> **Henry Ford**

VOCÊ PODE SER QUEM DESEJA

Henry Ford disse: "Pense que pode, pense que não pode; em ambos os casos, você terá razão". Seja cuidadoso ao imaginar o que deseja ser. Há abundância de prova científica de que a imagem mental que o indivíduo tem de si mesmo, mais que qualquer outro fator, fixa os limites últimos de suas realizações. Sabemos, agora, que o cérebro humano, como um sistema automático e intricado de orientação, dirigirá sua vida para a realização da autoimagem com a qual você o alimenta. Seu subconsciente trabalhará a seu favor ou contra você. Tudo depende de como você o alimentará, com limitações que derrotam ou com sonhos que realizam. Quando a pessoa compreende essa lei e a aplica, vemos mudanças revolucionárias da personalidade humana. Hábitos profundamente enraizados, padrões de comportamento fundamentais e até mesmo talentos e habilidades têm sido miraculosamente alterados por pessoas que creram nessa lei, agiram de acordo com ela e usaram a lei psicológica da autoimagem.

— O que você quer ser quando crescer? — perguntei a Bert Blyleven, que tinha 13 anos de idade.

— Um jogador de beisebol — o rapazinho holandês respondeu decididamente. Poucos anos atrás, ele havia emigrado, com seus pais, da Holanda para os Estados Unidos. Logo ocupavam um banco da minha igreja todos os domingos.

— Esse é um sonho grande e maravilhoso, Bert — disse eu. — Creia nele e terá êxito.

Cinco anos mais tarde, Bert terminava o ginásio.

— O que vai fazer, agora, Bert? — perguntei.

— Jogar beisebol — respondeu com confiança.

Antes de terminar o verão, ele jogava em um dos times da segunda divisão do Meio-Oeste. Ao chegar o inverno, Bill Rigney, diretor técnico do Minnesota Twins, andava

Autoconfiança: Consiga-a! Use-a! Conserve-a!

procurando garotos da segunda divisão nos campos de treinamento da Flórida.

— Esse Bert tem algo! — disse ele a um amigo íntimo. No verão seguinte, Bert destacava-se de forma impressionante na segunda divisão quando recebeu um chamado telefônico interurbano.

— Bert Blyleven, aqui é Bill Rigney. Quero que você tome o primeiro avião para Washington, D.C. Desejo vê-lo.

Com isso, o telefonema enigmático terminou.

O que queria Rigney? Certamente que não poderia estar planejando tomar um ginasiano recém-formado, com apenas um ano de experiência em times de segunda divisão, e incorporá-lo sem mais nem menos nas divisões superiores.

O monumento a Washington apareceu contra a linha do horizonte enquanto o jato se aproximava do aeroporto. O adolescente holandês desceu do avião com olhos esbugalhados na capital de seu país de adoção.

— Olá, Bert! Bem-vindo a Washington! — era Bill Rigney.

— Para que o senhor mandou me chamar? — perguntou o jovem ambicioso.

— Bert — disse Rigney, olhando-o diretamente nos olhos —, tenho um problema. — Fez uma pausa e continuou: — Luis Tiant machucou o ombro, e eu preciso muito de um lançador. Tenho observado você cuidadosamente.

O coração de Bert batia forte.

— Bert — o técnico do Minnesota Twins disse sem mais delongas —, amanhã à noite, ao enfrentarmos o time de Washington, decidi colocá-lo na posição de lançador. Você acha que dará conta?

— Sim, senhor! Tentarei. — A voz jovem estava cheia de confiança.

VOCÊ PODE SER QUEM DESEJA

"Espero que Bill Rigney saiba o que está fazendo! Esse menino só tem 19 anos. Deve ser o garoto mais jovem a jogar na primeira divisão", observou um torcedor do Minnesota. Sob a luz brilhante do enorme estádio, o rosto infantil e sardento do holandês tomou nova vida. De repente, o som do hino nacional encheu o ar enquanto a bandeira era desfraldada. A multidão cantou os versos com fervor patriótico. Os lábios de Bert moviam-se, mas não produziam som algum. Então, veio o grande anúncio: "Jogo!". O sonho de Bert Blyleven estava muito perto de tornar-se realidade.

Ele havia sonhado com esse momento a vida toda. Milhares de olhos estavam cravados nele. Locutores de rádio participavam do momento excitante com os torcedores ansiosos do Minnesota. Bert lançou sua primeira bola.

— *Strike!* — gritou o árbitro. — Bola. *Strike*. Bola. Bola.

O jogo estava 3 a 2, e o lançador principiante tratou de captar um sinal do *catcher*, estirou o braço apertando a bola e jogou-a como uma bala. Ouviu-se um estampido como de um rifle no estádio quando o batedor veterano, um "peso pesado" do time de Washington, rebateu o lançamento.

O jovem Bert girou em seu lugar para ver a bola branca que se elevava até as nuvens como um avião a jato para depois cair do outro lado da cerca, marcando um lindo *home run*.

Isso poderia tê-lo abatido. Mas, pelo contrário, uma voz pequena dentro dele sussurrou: "Está bem, Bert. Você pode conseguir. Você tem tudo a seu favor. Mostre-lhes. Se não o fizer, o tacharão de perdedor. Esta é a chance de você realmente provar sua garra". Calmamente, ele encarou o próximo batedor.

— *Strike-out!* — gritou o árbitro quando o batedor número dois não acertou a bola lançada em uma curva brilhante. — *Strike-out!*

Autoconfiança: Consiga-a! Use-a! Conserve-a!

Bert haveria de ouvir essas palavras maravilhosas muitas vezes à medida que espantava a multidão durante as sete entradas com uma apresentação brilhante! Estava a caminho de uma carreira impressionante.

Chegar ao êxito pela imaginação
O processo pelo qual a pessoa se coloca na tela da imaginação como alguém de sucesso tem sido chamado de "imaginativa". Continuo a ver as realizações espantosas dos que engendram soluções a problemas de produção crendo que podem ter êxito.

A cerimônia de formatura chegava ao seu final na Universidade de Azusa, na Califórnia, com os alunos mais destacados e brilhantes recebendo seu diploma de bacharel em Artes. Nesse pequeno, seleto e destacado grupo de alunos, havia três que se destacavam ainda mais. Um homem negro, um índio e uma garota cega que carregava uma bengala branca. O negro, o índio e a cega — os três formavam-se com as honras máximas. Os três figuravam na lista dos *Quem é quem das universidades norte-americanas*. Estou certo de que os três poderiam facilmente ter se tornado fracassados miseráveis. Poderiam ter desenvolvido uma atitude cínica, negativa e lançado a culpa de seu fracasso em sua infância desvantajosa ou numa sociedade cheia de preconceitos. Entretanto, os três chegaram ao topo. Por quê? Como? O que fez a diferença?

Depois da cerimônia, perguntei à garota cega:
— Qual é o seu segredo? — Com o rosto iluminado em um sorriso, as borlas do capelo balançando de um lado para o outro, expôs-me sua fé.
— Meu segredo está num versículo bíblico que aprendi vários anos atrás. — Citou a frase carregada de poder: "Posso todas as coisas naquele que me fortalece".

71

Algumas pessoas destroem suas desvantagens, enquanto outras são vítimas delas. O negro, o índio e a moça cega tinham uma coisa em comum: criam no poder de Jesus Cristo para mudar sua vida e a situação em que viviam. Quando a pessoa crê em Jesus Cristo, começa a acreditar que com ele pode ser vencedora. E pode chegar ao topo!

Quatro qualidades dinâmicas marcam o ganhador confiante:

Imaginação: A pessoa que tem confiança em si mesma imagina-se sendo a pessoa que deseja ser. Ignora seu estado atual.

Entrega: Tão forte é o desejo de realizar seu sonho que a pessoa que tem confiança em si mesma entrega-se totalmente à sua meta. É uma entrega incondicional; não negociável. O poder de uma pessoa totalmente dedicada é incalculável.

Afirmação: Primeiro imagine. Depois entregue-se. Agora afirme que vai ter êxito. Afirme seu pensamento positivo em voz alta. Isso exercitará e vitalizará sua autoconfiança. Ao mesmo tempo, fará que os outros creiam no sucesso que você terá com o tempo. Agora uma coisa maravilhosa acontece: à medida que as pessoas começam a acreditar em você, desejarão ajudá-lo, o que acrescenta força propulsora nova à sua autoconfiança já bastante impulsionada!

Nunca desista: Nunca, nunca, nunca desista! Paciência e persistência são as qualidades que coroam os campeões que têm confiança em si mesmos. Derrota e fracasso são conceitos heréticos que não podem ser, não são e não serão contemplados.

Essas qualidades juntas significam EU POSSO! Isso é autoconfiança! Dirigida de uma maneira adequada e construtivamente canalizada, a autoconfiança torna-se a própria força ou o poder do Deus todo-poderoso que surge, pulsa e

Autoconfiança: Consiga-a! Use-a! Conserve-a!

vibra com a força da eletricidade espiritual através da personalidade humana, transformando a pessoa inerte, sem vida e patética em um dínamo inspirado e inflamado que lança sua vida à grandeza!

"Eu posso" — as duas palavras mais poderosas de seu vocabulário.

"Eu posso", disse Cyrus W. Field quando o projeto do primeiro cabo submarino do Atlântico foi chamado de ideia louca e fantástica.

"Eu posso", disse Tracy Barnes, quando pessoas mais avisadas sabiam que ninguém poderia fazer um balão transcontinental voar de um lado ao outro dos Estados Unidos. Depois de 4.827 quilômetros e cinco meses de voo, conseguiu seu intento. Saiu de San Diego, na Califórnia, e chegou a Villas, em Nova Jersey. Flutuando em correntes de ar caprichosas e imprevisíveis, passou por experiências excitantes e perigosas. Chocou-se contra o topo de uma montanha a 160 quilômetros a leste de San Diego e passou três dias num hospital, com desvio da coluna. Perdeu-se nas montanhas rochosas e ficou separado de sua tripulação terrestre por três dias. Várias vezes, o balão chocou-se contra árvores, ocasionando demoras. Aterrissou perto de Pittsburgh.

Contudo, nem tudo foi escabroso e árduo para o aeronauta de 27 anos de idade. Deliberadamente, desceu até o fundo do Grand Canyon do Colorado, amarrou o cesto de vime do balão e foi nadar no rio Colorado. De Nebraska a Pittsburgh, a viagem transcorreu sem problemas. "Esplêndido", disse Barnes. A viagem durou o dobro do que ele havia calculado, por causa de ventos desfavoráveis e numerosos acidentes.

"Eu posso", disse Birt Duncan, um menino negro, abandonado e jogado de um lar adotivo a outro. Lembra-se de ter vivido com mais de 13 famílias desde Arkansas até o

VOCÊ PODE SER QUEM DESEJA

Mississippi. Muitas vezes, dormia nas salas de aula por causa da alimentação inadequada. Agora, entretanto, tem o grau de doutor em Psicologia pela Universidade de Princeton e está para terminar o curso de medicina pela Universidade da Califórnia, em San Diego.

Birt Duncan afirma: "O que realmente importa não é a cor da pele, quer branca, quer negra". Ele continua: "Muito mais importante é a cor de nosso pensamento. Vermelho? Verde? Pensemos no verde do semáforo: ele nos diz 'Siga em frente!'. Não podemos controlar a cor de nossa pele, mas podemos determinar a cor de nossos pensamentos!".

"Eu posso", disse Romana Bañuelos. Quando se casou, no México, tinha somente 16 anos de idade. Dois anos e dois filhos mais tarde, divorciada, trabalhava numa lavanderia de El Paso ganhando 1 dólar por dia.

Ouviu falar de uma vida melhor na Califórnia; então, com 7 dólares no bolso, tomou um ônibus para Los Angeles.

Começando por lavar pratos, depois aceitando todo emprego que pudesse conseguir, ela economizou tanto quanto pôde. Ao completar 400 dólares, ela e uma tia compraram uma pequena pastelaria. Quando a tia quis deixar o negócio, Romana, prontamente, comprou sua parte.

Os produtos alimentícios de Romana chegaram a ser a maior empresa de alimentos mexicanos dos Estados Unidos, com uma renda bruta de 5 milhões de dólares anuais e com um quadro de empregados de mais de 300 pessoas.

Romana decidiu elevar o nível dos mexicano-americanos: "Precisamos de nosso próprio banco", pensou ela. Ajudou a fundar o Banco Nacional Pan-Americano a leste de Los Angeles para servir à comunidade mexicano-americana. O banco conta com um capital de mais de 22 milhões de dólares, e 86% dos depositantes são de origem latino-americana.

Autoconfiança: Consiga-a! Use-a! Conserve-a!

"Eu posso", disse Romana quando os peritos em pensamento negativo disseram-lhe: "Os mexicano-americanos não podem fundar um banco. Você não está qualificada. Você não terá sucesso". Impávida, encabeçou uma comissão que contratou o serviço de três advogados, que redigiram o estatuto para o novo banco.

— Inauguramos o banco em um pequeno *trailer*, mas o problema principal era vender ações. As pessoas precisam de fé em si mesmas. Eu ia pessoalmente pedir-lhes que comprassem ações. Respondiam-me: "Mas, senhora Bañuelos, o que a faz crer que podemos ter um banco? Tentamos antes, por dez, quinze anos, mas o projeto sempre fracassou. Não somos banqueiros".

Hoje o banco é uma das histórias de sucesso dinâmico a leste de Los Angeles.

Perguntaram-lhe, certa vez, qual era o principal motivo de os mexicano-americanos se sentirem inferiores. A pronta resposta foi: "Eles acreditam na mentira que lhes contaram acerca de si mesmos de que os mexicanos são inferiores! Fui criada no México, e ninguém pode me fazer crer nessa mentira! Tenho orgulho de minha nacionalidade mexicana!".

Romana Bañuelos alcançou novas alturas do sucesso. Foi escolhida pelo presidente dos Estados Unidos para ser o trigésimo quarto tesoureiro!

Espere mais de você mesmo

Não somente os mexicano-americanos, mas muitas outras pessoas não conseguem passar do seu nível de expectação. Espera pouco ou nada de você mesmo? Não fique surpreso se nada conseguir.

Talvez você tenha complexo de inferioridade porque a sociedade orgulhosa e cheia de preconceitos tem lhe dito mentiras a seu respeito. Talvez você não se tenha saído bem na escola e então concluiu que não é muito esperto. Não creia nisso! Você pode ter tido professores deficientes. Num artigo recente da revista *Seleções do Reader's Digest*, o psicólogo Robert Rosenthal, da Universidade Harvard, ponderou: "Será que a razão de algumas crianças se darem mal na escola é o fato de seus professores esperarem que elas assim o façam?". Se assim for, Rosenthal concluiu que, ao levantar as expectativas dos professores, devia também aumentar as realizações das crianças. Estava disposto a testar sua teoria nas salas de aula. Alunos do jardim de infância e até do quinto ano, de uma escola que decidiu cooperar com ele, fizeram um novo teste de habilidade de aprendizagem. Em setembro, depois de avaliados os testes, foram entregues aos professores os nomes de cinco ou seis crianças consideradas talentosas e que tinham excepcional capacidade para aprendizagem.

> As pessoas nos recebem mais cordialmente quando temos uma atitude positiva.

Os professores não sabiam que os nomes tinham sido escolhidos por acaso, antes da realização dos testes. A diferença entre os poucos escolhidos e os demais meninos existia somente na imaginação dos professores. Os mesmos testes feitos no final do ano letivo revelaram que os "talentosos" estavam muito acima das demais crianças, tendo aumentado o seu índice de capacidade de 15 a 27 pontos. Seus professores descreveram-nas como crianças mais felizes que as outras, mais curiosas, mais afetivas e com maiores possibilidades de triunfar na vida. Como é óbvio, a única mudança foi a de atitude.

Autoconfiança: Consiga-a! Use-a! Conserve-a!

Assim como os mestres foram induzidos a esperar mais de certas crianças, essas crianças esperaram mais de si mesmas. "A explicação provavelmente está na interação sutil entre professor e alunos", diz Rosenthal. "Tom de voz, expressão facial, toque e postura podem ser os meios pelos quais, muitas vezes sem o desejar, o professor transmite suas expectativas a seus alunos. Tal comunicação pode ajudar a criança, mudando as percepções de si mesma."

Dr. Floyd Baker, membro da Igreja da Comunidade de Garden Grove, é professor de física. Recentemente, preparou uma tese especial de doutorado. Nessa tese, existe uma confissão iluminadora:

> Entrei para o magistério em 1960 e comigo trouxe um conjunto de atitudes para com a instrução e a interação aluno-professor. Agora, em retrospecto, eu tinha o que hoje reconheço ser uma péssima atitude para com meus alunos e sua motivação. Lembro-me de que costumava dizer aos alunos no começo do semestre: "Vocês têm de passar nesta matéria, ou terão de trocar de curso. Eu sou o único que a ensina, de modo que é bom vocês renderem o máximo. Não gosto dos que não estudam, portanto prestem atenção e aumentem sua eficiência! Eu dou o material a vocês, e tudo o que vocês têm de fazer é aprender. Além disso, quero dizer-lhes de antemão que mais ou menos 50% de vocês serão reprovados. Cada um cuide para não estar entre eles!". Como se pode ver, sempre dei aos alunos confiança excelente. Bem, espantosamente, minhas predições sempre se realizaram, e 50% eram reprovados sempre, anos após ano. Reunia-me com outros professores na hora do intervalo para o café e ríamos do número dos que abandonavam os estudos. Costumávamos dizer que o melhor professor era o que provocava o maior número de desistências. Agora reconheço que essa era

uma péssima atitude. Por essa época, minha esposa e eu unimo-nos a uma igreja muito dinâmica. Os pastores eram entusiasmados e pregavam sermões excelentes. Todas as semanas, quando estava na igreja, sentia a enorme necessidade de pensar em termos positivos e com entusiasmo em tudo o que fazia. Descobri que as pessoas nos recebem mais cordialmente quando temos uma atitude positiva. Entretanto, meu problema era como inspirar e entusiasmar meus alunos.

Os pastores insistiam em que a solução dos problemas era conseguida com a oração e a leitura da Bíblia, capítulo após capítulo, livro após livro. Cheguei a 1Coríntios 13 e descobri o segredo. Daí em diante, Cristo passou a habitar em minha vida, e em frente da classe eu disse a meus alunos: "Quero que todos vocês sejam aprovados nesta matéria. Meu dever é fazer que isso aconteça. Sei que não é nada fácil, mas, se trabalharmos juntos, cada aluno pode passar e aprender muito". Desse dia em diante, houve um novo ambiente na sala de aula, e dou graças a Deus e a Cristo por isso. O índice de desistência antes de eu ter recebido Cristo era cerca de 50%. Mas quando apliquei essa nova técnica positiva, com a cooperação dos alunos, todos os alunos foram aprovados! Um deles tirou 5; outro, 6; e os demais, entre 7 e 10. E NUNCA MUDEI EM NADA MEU SISTEMA DE CORRIGIR PROVAS!

Lembre-se do que Goethe disse: "Trate as pessoas como se fossem o que deviam ser e as ajude a tornarem-se o que são capazes de ser".

Deus acredita em você — ele não pode errar!

O mendigo estava sentado do outro lado da rua, em frente ao estúdio do pintor. De sua janela, o pintor de retratos esboçou a face da alma derrotada e desesperada, com uma mudança importante. Nos olhos sem vida, ele colocou o

Autoconfiança: Consiga-a! Use-a! Conserve-a!

brilho de um sonhador inspirado. Esticou a pele do rosto do homem dando-lhe uma aparência de vontade férrea e determinação indômita. Terminada a pintura, chamou o homem para vê-la. O mendigo não se reconheceu.

— Quem é? — perguntou ao artista, sorrindo calmamente. Então, suspeitando ter visto algo de si mesmo no retrato, perguntou com hesitação:

— "Sou eu? *Pode* ser eu?".

— É assim que o vejo — respondeu o artista.

Endireitando os ombros, o mendigo retrucou:

— Se é esse o homem que você vê, é esse homem que serei.

Deus olha para você e vê uma pessoa linda esperando para nascer! Se você pudesse ter uma visão da pessoa que Deus quer que você seja, jamais ficaria parado. Você se levantaria e tomaria o rumo do sucesso.

Dizem-nos que as formigas nascem com asas, usam-nas, conhecem a glória e a delícia do voo, e depois cortam essas asas deliberadamente, escolhendo viver como insetos rastejantes. Imagine escolher esse tipo de vida quando Deus deu a você o vasto império do ar! Não cometa esse erro ao subestimar suas possibilidades!

Você pode

Então, você nunca chegou a nada? É um joão-ninguém? Está aprisionado no calabouço mental da autocondenação, da autopunição? Liberte-se! É tão fácil quanto o acróstico ACE:

A — **Afirme:** "Outros podem fazê-lo. Outros estão *fazendo*. Então, também posso!".
C — **Creia:** "Deus tem uma vida melhor reservada para mim!".
E — **Escolha:** "Liberte-se das forças hipnotizadoras dos pensamentos negativos que o aprisionam".

79

VOCÊ PODE SER QUEM DESEJA

A Bastilha tornara-se o símbolo da tirania total. "Impossível escapar", diziam todos. De modo que todo mundo cria nisso. Certo dia, as pobres almas aprisionadas foram levadas além do que podiam suportar. Como loucos, atacaram o local no que parecia um combate louco e sem esperança. Para seu espanto, descobriram que a guarda se resumia em apenas 30 soldados. A prisão caiu em quatro horas! O impossível havia sido realizado! A Bastilha havia caído!

Você pode ter acreditado, por anos, que nunca seria capaz de se libertar e ter sucesso. Mas você pode! É tão fácil quanto o acróstico ACE.

Autoconfiança — como consegui-la

1. *Os psiquiatras podem ajudá-lo.* Se sua autoimagem for tão negativa a ponto de estar pensando em suicídio, deve procurar ajuda profissional. A análise em profundidade pode ajudá-lo a descobrir experiências destruidoras do ego ocorridas na infância. Não tenha dúvidas, procure um psiquiatra!

2. *"Exterioridades" podem operar como estimulantes para a autoconfiança.* Algumas pessoas precisam de ajuda profissional séria para conseguir a autoconfiança, e outras precisam de um simples truque. Em *O advogado do Diabo*, Morris West descreve uma personagem que usava um cravo na lapela do paletó, o que era suficiente para fazê-la encarar o mundo com confiança. Um penteado diferente pode ter o mesmo efeito. Roupas novas também podem surtir efeito positivo. Talvez você precise perder alguns quilos para começar a sentir-se autoconfiante. A cirurgia plástica, relata Maxwell Maltz, transformou muitos pacientes com autoimagem degradada em pessoas com nova estima por si mesmas.

Autoconfiança: Consiga-a! Use-a! Conserve-a!

Contudo, lembre-se: Essas coisas são exteriores e materiais. Podem dar o impulso inicial à sua autoconfiança; entretanto, a autoconfiança duradoura carece de raízes espirituais mais profundas para sobreviver às estações da jornada da alma pela vida.

3. *As pessoas que o inspiram podem fazer maravilhas quanto à vida e ao vigor de sua autoconfiança.* Procure a amizade de pessoas que construam sua autoestima e apegue-se a elas com determinação.

Uma cantora de ópera, mundialmente conhecida, daria um concerto na Ópera de Paris, que estava apinhado de admiradores entusiastas. Logo antes da apresentação, o gerente apresentou-se no palco e anunciou: "Lamentamos informar que a cantora que esperavam ouvir nesta noite sofre de laringite e não poderá cantar". Um murmúrio de decepção elevou-se da plateia. Entretanto, continuou ele: "Tenho o prazer de apresentar-lhes um artista novo e promissor que cantará para os senhores esta noite". O cantor desconhecido executou sua primeira série de canções com excelência. Ao terminar, foi recebido por um silêncio de aço da plateia desapontada. Ninguém o aplaudiu! O auditório escuro estava frio e afrontosamente quieto. De repente, de uma das galerias superiores, ouviu-se a voz entusiasmada de uma criança: "Papai, acho que o senhor foi maravilhoso". Então, ocorreu o inesperado. Explodiram-se aplausos de todos os recantos do teatro!

O presidente Theodore Roosevelt ficou orgulhoso quando três de seus filhos anunciaram que queriam prestar o serviço militar. Mas, quando seu quarto filho também quis fazer o mesmo, esse homem indômito e duro se opôs.

— Não posso permitir que todos os meus filhos sigam esse caminho — argumentou.

VOCÊ PODE SER QUEM DESEJA

— Ted, se você os cria como águias, não pode esperar que voem como pardais — respondeu-lhe a esposa.

O autor e dramaturgo William Saroyan sentiu pela primeira vez a confiança em si mesmo aos 13 anos de idade. Acabara de comprar uma máquina de escrever, quando recebeu a visita do seu estimado tio-avô Garabed.

— Meu filho, que coisa é essa aí? — perguntou o idoso cavalheiro.

— Uma máquina de escrever, senhor — respondeu o rapaz.

— Para que serve?

— Para escrever com clareza, senhor. — E William entregou-lhe uma amostra.

— De que tratam estes escritos?

— De ditos filosóficos.

— De quem?

— São meus, senhor.

O sábio e idoso homem estudou os escritos e os devolveu ao sobrinho, dizendo:

— Prossiga, porque não é impossível andar sobre as águas.

"Soube, então, que poderia ter êxito", recorda-se William Saroyan. Naquele instante, havia nascido dentro dele uma autoconfiança suficientemente forte para durar a vida toda!

4. Ter ânimo e ser resoluto estimula as pessoas a correrem o risco de fracassar. Assim, ao tentar fazer algo por si mesmas, elas constroem a autoconfiança. Não se pode ensinar ou comprar a autoconfiança; a pessoa deve apoderar-se dela! E apropriamo-nos dela quando nos arriscamos e triunfamos.

Autoconfiança: Consiga-a! Use-a! Conserve-a!

Agir com bom ânimo consiste em fazer algo com mais afinco que nunca

A Disneylândia, uma fabulosa história de sucesso, fica a um quilômetro e meio da Igreja da Comunidade de Garden Grove. Poucas pessoas tiveram tanta certeza de sucesso na empresa quanto Walt Disney, seu fundador. Como conseguiu isso?

"Perto dos 21 anos de idade, fiquei sem dinheiro pela primeira vez", recordava Disney antes de morrer. "Dormia num velho sofá e comia feijão frio enlatado. Então, parti para Hollywood." Meditando em seu sucesso posterior, o "grande homem da terra do cinema" proferiu esta afirmativa inapreciável: "Eu não sabia o que não poderia fazer, de modo que estava disposto a correr o risco e tentar qualquer coisa".

Walt Disney gostava de contar a história de um menino cujo sonho maior era marchar na parada do circo. Quando o circo chegou à sua cidade, o diretor da banda precisava de um tocador de trombone, e o rapaz se ofereceu. Não havia marchado um quarteirão quando o som horrível do seu trombone provocou um verdadeiro pandemônio.

— Por que você não me disse que não sabia tocar trombone? — perguntou o diretor da banda.

— Como é que eu ia saber? Nunca tinha tentado! — respondeu o menino com simplicidade.

Tente algo pequeno

É como aprender a andar. Primeiro a criança dá um passo incerto; depois, outro. É assim que você constrói a fé em você mesmo: começando com coisas pequenas e, à medida que alcança sucesso, dando passadas maiores.

Penso que a ponte suspensa sobre o Niágara foi construída da seguinte maneira: Primeiro soltaram uma pipa sobre as espumantes cataratas. Amarrada à pipa estava um fio; amarrado ao fio, uma corda; amarrado à corda, um cabo de aço. E, dessa maneira, passo a passo, construiu-se uma ponte sobre o abismo!

Comece pequeno e tenha sucesso. Tenha êxito onde está, depois parta para coisas maiores.

"Levante-se onde estiver", disse Edward Barrett com sabedoria. Como disse Booker T. Washington: "Lance os seus baldes onde estiver".

O plano de Deus para sua vida

O caminho mais seguro e mais saudável para a confiança é descobrir o plano de Deus para sua vida. Deus já está revelando a você o plano que tem para sua existência. Ele está estimulando sua imaginação por meio da leitura deste livro. Ele já começou a trabalhar em sua vida. Você pode estar certo de que Deus termina o que começa! "[P]ois é Deus quem efetua em vocês tanto o querer quanto o realizar, de acordo com a boa vontade dele".[1]

Paulo afirmou: "Estou convencido de que aquele que começou boa obra em vocês, vai completá-la até o dia de Cristo Jesus".[2]

Alguns anos atrás, Lawrence Welk publicou sua autobiografia *Wunnerful, Wunnerful*. Sua inspiradora história de sucesso lembra-me o texto: "Como a águia que desperta a sua ninhada, paira sobre os seus filhotes [...]".[3]

Às vezes, Deus permite que os problemas nos sacudam para sairmos do lamaçal em que nos encontramos,

---

[1] Filipenses 2.13, Nova Versão Internacional.
[2] Filipenses 1.6, Nova Versão Internacional.
[3] Deuteronômio 32.11, Nova Versão Internacional.

Autoconfiança: Consiga-a! Use-a! Conserve-a!

a fim de levar-nos à estrada que tem planejado para nós. Lawrence poderia ter passado a vida como um fazendeiro em Dakota do Norte, não fosse algo terrível que lhe aconteceu. Ele estava prestes a entrar na adolescência quando, certa manhã, acordou mortalmente enfermo. No hospital mais próximo, a cerca de 120 quilômetros de distância, descobriram o problema: ele estava com o apêndice supurado, o que causara peritonite, que envenenava todo o corpo. Inseriram um tubo em seu lado para retirar o líquido inflamatório. Os dias febris transformaram-se em semanas aterradoras. Sobreviveu miraculosamente. Nos longos meses de convalescença, na fazenda da família, começou a tocar o velho acordeão do pai.

Começou a acreditar num plano divino para sua vida. "Parecia que Deus me havia concedido uma nova oportunidade, e eu orava pedindo direção para usar minha vida de modo que lhe agradasse mais."

O resto da história é conhecido. Ele visualizara o que desejava. Tornou-o real. Trabalhou nisso. Realizou seus sonhos. Você pode fazer o mesmo.

Faça um quadro mental do seu *novo eu! Você* vai mudar. Você está mudando agora. Você se tornará a pessoa que sempre quis ser. Creia nisso.

> **Você se tornará a pessoa que sempre quis ser.**

Agora, jogue fora todos os velhos quadros mentais que tinha de você mesmo. Esses retratos negativos pertencem à história passada. Substitua-os pelo retrato futuro, pelo sonho de ser a pessoa que deseja ser.

VOCÊ PODE SER QUEM DESEJA

Os programadores de computadores têm uma expressão chamada "Gigo", que significa "Entra lixo — Sai lixo". Alimente o computador com lixo, e o resultado será sempre lixo. Se alimentar sua mente com imagens de fracasso, sem dúvida alguma fracassará. Se, pelo contrário, alimentar a tela de sua imaginação com quadros de êxito, certamente triunfará!

Mudanças estão acontecendo ao seu redor hoje. Pessoas com dificuldades, defeituosas, desiludidas aprendem a mudar sua vida, seu futuro, seu destino. Agora é sua vez de parar de fracassar e começar a ter êxito. Descubra a ideia melhor que Deus tem para *você*. *Você* é ideia de Deus, e Deus tem somente ideias belas. Ele espera grandes coisas de você. Coopere com ele! Creia em você mesmo, AGORA, e libere suas possibilidades.

CAPÍTULO 5

Faça o jogo do pensar possibilidades... e ganhe!

Verifiquemos seu progresso até aqui:

1. Já começou a fixar metas.
2. Já desenvolveu uma atitude positiva para lidar com os problemas à medida que surgem.
3. Já desenvolveu autoconfiança. Sabe que pode ter êxito!

Agora está pronto para receber o maior segredo que posso partilhar com você. Esse segredo dará a você a chave para a criatividade e para a resolução de seu maior problema: Como tornar-se uma pessoa verdadeiramente criadora. Sem o desenvolvimento da arte do pensamento criador, seus sonhos se desfarão como bolhas de sabão.

Se você tornar-se uma pessoa criadora, alguém que sempre encontra uma maneira de resolver os problemas, poderá realmente transformar seus sonhos em realidade excitante!

A criatividade é um dom ou uma arte? É um talento herdado? Ou é um modo habilidoso de pensar que qualquer pessoa pode aprender? Há evidências cada vez mais numerosas que provam ser a última alternativa a verdadeira.

Dr. Edwin H. Land, inventor da máquina fotográfica Polaroide, tem feito experiências com o fenômeno da criatividade. Ele fez alguns operários braçais trabalharem ao lado de pessoas criativas, especialistas em pesquisas. "É espantoso!", informou o dr. Land. "Os trabalhadores não especializados estão se tornando criativos."

89

VOCÊ PODE SER QUEM DESEJA

Entre os trilhões de células do cérebro humano, existem milhares de células brilhantes, mas adormecidas, células que esperam ser despertadas, desatadas e postas em serviço ativo. Se você conseguir descobrir uma maneira de estimulá-las, ficará surpreso com sua inteligência e brilho.

Existe uma técnica muito boa que qualquer pessoa pode aprender e usar para estimular essas células adormecidas.

Você se tornará um pensador criativo notável, com uma incrível capacidade de criar, inventar e inovar, que causará espanto aos que julgavam conhecê-lo bem.

Chamo a essa técnica "fazer o jogo do pensar possibilidades". Você pode aprender a jogá-lo! É de graça! É divertido! É simples! É desafiador! É excitante! É recompensador! Asseguro-lhe que ele revolucionará seu futuro.

Não deixe que a palavra "jogo" o engane. Impregnadas nessa palavra, existem enormes forças liberadoras de criatividade. Sabemos que a criatividade acontece quando a mente se encontra completamente relaxada. A pessoa empenhada em resolver um problema pode lutar sem êxito durante largas horas e dar-se por vencida. Na penumbra do amanhecer, ela acorda com uma solução brilhante para o problema.

Assim aconteceu com Paul Fisher, que inventou a caneta maravilhosa com a qual escrevo este livro. Ele percebeu a necessidade de uma caneta esferográfica que pudesse escrever no teto, de cabeça para baixo, sobre superfícies oleosas e debaixo d'água. Nunca isso havia sido inventado. Todas as esferográficas funcionavam segundo o princípio da gravidade. Ele gastou 1 milhão de dólares e meses de trabalho em seu intento. Um dia, acordou às 3 horas da manhã, com o segredo que tornou possível o invento. A caneta de Fisher foi levada à lua. Preencheu os requisitos da Nasa de uma caneta à prova de vazamento, de maior duração, antigravitacional e que pudesse escrever no espaço exterior.

O relaxamento profundo permite a remoção da tensão subconsciente que provoca o bloqueio da criatividade. Dessa forma, o conceito inteligente pode fluir com brilho intenso para a mente consciente. O falecido Richard Neutra, arquiteto lembrado como um dos homens mais criativos do século XX, produzia seus melhores trabalhos entre 4 e 7 horas da manhã. Seu subconsciente estava completamente relaxado nesse horário do dia.

Ao escrever estas palavras, estou a bordo de um navio, atravessando o Pacífico. Mares calmos, nuvens que flutuam livremente e o som tranquilizador da água e do navio tiram a tensão e a pressão da responsabilidade. As ideias criativas fluem rápida e livremente.

Sentado à suave luz do sol numa cadeira do convés, estou cercado de pessoas. Percebo que não serei perturbado por interrupções intencionais. Um passageiro pode parar para bater um papo, mas isso não cria tensão porque a interrupção não envolve responsabilidades. Em meu *habitat* natural, descobri que as ideias fluíam livremente quando me colocava a salvo das interrupções perturbadoras e carregadas de responsabilidade.

Antecipar interrupções com grande carga de pressões produz tensão suficiente para, em nível profundo, bloquear a criatividade. Descobri que minhas ideias mais brilhantes vêm quando estou sozinho em meu carro ou quando viajo de avião. Nessas horas, sei que não posso ser interrompido pelo telefone, pela campainha de minha secretária ou por uma batida na porta. Isso pode explicar por que muita gente consegue suas melhores ideias quando está na igreja! Também revela o motivo de as horas da manhã serem tão produtivas.

Nessas horas, as tensões defensivas geradas pela expectação das interrupções não estão presentes. Você sabe que ninguém irá incomodá-lo às 5 horas da manhã. Por isso, pode relaxar completamente. Está livre também das tensões que se acumulam com o passar do dia. Telefonemas importantes, cartas ou uma visita podem trazer-lhe problemas e causar pressões que geram tensão. Ao final de um dia comum, você está como meu navio. Tem chegado atrasado a vários portos. Por quê? Está no mar há um ano sem ter tido uma limpeza do casco. Certos crustáceos grudaram-se ao navio abaixo da linha de flutuação. Reproduzem-se rapidamente formando camadas de incrustação suficientemente grossas para diminuir consideravelmente a velocidade do navio. De modo que o rápido fluir matutino dos pensamentos criativos vê-se diminuído pelo peso das experiências que provocam tensão à medida que o meio-dia se aproxima. Alguma notícia má, uma irritação, uma rejeição, uma contrariedade bastam para aumentar as tensões na metade do dia quando você antecipa ainda mais dificuldades.

A criatividade relaciona-se com a descontração total. A própria palavra "trabalho" gera tensão que produz pressão. Trabalho significa responsabilidade. Isso implica responsabilidade, que, por sua vez, produz a tensão subconsciente que bloqueia a criatividade. A palavra "jogo" sugere ausência de responsabilidade; implica um espírito esportivo, o que denota uma corrida, e arriscar-se (dentro de limites bem seguros). Por ser um simples jogo, sua mente subconsciente relaxa sabendo que você está isento de vulnerabilidade.

Considere a atitude mental resultante da atitude de jogo:

1. *Correndo o risco:* O *temor* do fracasso está ausente! "Se eu perder, é um simples jogo." A pessoa *ousa* pensar em dimensões quase impetuosas. Essa é a arena onde sempre se faz progresso.

2. Quebrando o recorde: Atitude mental que faz você pensar maior, alcançar mais longe, tentar mais do que já tentou antes. Submetendo-se a essa atitude, você terá solucionado um dos maiores problemas que bloqueiam a criatividade, a saber, como *pensar maior do que já pensou antes.* Quase sempre, a solução inventiva para todo problema é simples. Gaste mais dinheiro. Contrate mais empregados. Funde uma nova organização. Viaje mais longe. Telefone para aquele perito na Europa etc.

3. Liberdade do compromisso: Por ser simplesmente um jogo, você pode desistir a qualquer hora que desejar sem arruinar sua reputação. Está livre da tensão subconsciente gerada pelo temor de se envolver onde teme ser aprisionado por responsabilidades. Por ser simplesmente um jogo, você pode descontrair-se em liberdade total.

Produza um clima mental que leve à criatividade

A palavra "possibilidade" é outra chave para o sucesso dessa fórmula. A própria palavra cria um clima mental que conduz à criatividade. Simplesmente pense que isso poderia ser possível e começará a libertar as células criativas do cérebro da prisão invisível dos mecanismos de defesa do subconsciente. Para compreender o poder cibernético dessa palavra, analise seu antônimo, a horrenda palavra "impossível". Quando dita em voz alta, esse termo tem efeito devastador. O pensamento para. O progresso é impedido. Portas se fecham. A pesquisa cessa abruptamente. Experiências posteriores são destruídas. Projetos, abandonados. Sonhos, deixados de lado.

VOCÊ PODE SER QUEM DESEJA

As melhores e mais brilhantes células cerebrais escondem-se, esfriam-se e se colocam em algum lugar escuro, mas seguro da mente. Por meio dessa manobra defensiva, o cérebro protege-se contra o aguilhão doloroso do desapontamento, da rejeição brutal e da esperança esmagada.

> **Jogue para ganhar: pense possibilidades!**

Que alguém profira as palavras mágicas: "É possível". Essas palavras estimuladoras penetram nos tributários subconscientes da mente, desafiando e fazendo que os poderes se juntem e venham para fora! Sonhos enterrados ressuscitam. Faíscas de entusiasmo novo relampejam e transformam-se em chama. Assuntos esquecidos vêm à tona. Arquivos empoeirados são abertos. Luzes se acendem nos laboratórios, escuros por muito tempo. Telefones começam a tocar. Teclados de computadores fazem música barulhenta. Velhos orçamentos são retomados, e novas cotações são elaboradas. Colocam-se cartazes de "Precisa-se de ajuda". Novas máquinas são adquiridas, e empresas são reabertas. Aparecem novos produtos. Abrem-se novos mercados. É o fim da recessão! Nasce uma grande nova era de experiência, expansão e prosperidade.

Agora faça o jogo do pensar possibilidades — eis como

Comece crendo que possui dons criativos latentes. Você respeitará seus pensamentos, confiará neles e os admirará. Toda pessoa pode ser criativa.

O antigo hotel El Cortez, em San Diego, na Califórnia, estava passando por dificuldades. Precisava desesperadamente

Faça o jogo do pensar possibilidades... e ganhe!

de um novo elevador para servir ao novo salão de jantar do último andar. Consultaram-se engenheiros e arquitetos especializados. Formularam-se planos. Poderia ser feito, concordaram, mas, para isso, alguns quartos de luxo, em todos os andares, teriam de ser eliminados. Seria necessário também construir novos eixos e escavar abaixo do nível do subsolo. Era uma solução cara e insatisfatória.

Enquanto os peritos discutiam o projeto, um empregado do hotel ouviu a conversa. Estava preocupado com a poeira e a terra que invadiriam todos os andares durante o período de construção. Dirigiu-se àqueles profissionais e disse: "Por que vocês não constroem o elevador do lado de fora do edifício?". Ninguém havia pensado nisso! Hoje o elevador de vidro sobe pelo lado de fora do hotel, dando aos hóspedes uma vista espetacular do porto. Foi imitado e copiado por todo o mundo, mas esse foi o primeiro de sua espécie!

Está pronto para fazer o jogo? Você pode jogá-lo sozinho, mas será muito mais dinâmico se conseguir uma ou mais pessoas pensadoras de possibilidades para, juntos, tentarem todas as maneiras sérias (e ridículas) de tornar possível seu sonho impossível.

Você deve concordar em deixar que sua imaginação siga o curso que desejar. Os únicos limites para ela serão seus princípios morais e éticos. Comece escrevendo de um a dez em uma folha de papel em branco. Desafie todos os participantes a pensar em dez maneiras de alcançar uma meta particular, resolver um problema ou trazer um sonho impossível para o reino da possibilidade. Lembre-se: qualquer coisa serve. Quanto mais maluca for a ideia, tanto melhor.

Ao visitar um amigo no Japão, fiz um comentário um tanto petulante:

— Creio que no Japão uma igreja em estilo cinema *drive-in* teria grande sucesso.

Ele me olhou sem compreender.

— A ideia cumpriria as exigências do teste que aplicamos para determinar se um projeto é prático ou não — disse eu seriamente, e anunciei as exigências:

- É uma ideia prática? Sim! Pessoas que jamais entrariam numa igreja tradicional teriam a possibilidade de cultuar Deus em seu próprio carro.
- É uma ideia inovadora? Sim! Nunca se fez isso antes. Poderíamos ganhar uma fortuna em publicidade.
- É uma ideia inspiradora? Sim! Poderia ser um lugar de beleza visual e auditiva.
- É uma ideia excelente? Sim! Poderia suplantar todos os outros desenvolvimentos religiosos em tamanho e serviço!

A essa altura, eu estava tão entusiasmado que dei um salto e disse:

— Ted, vamos fazer isso!

— Impossível, Bob — disse ele, acrescentando: — Quatro hectares e meio de terreno aqui custariam 5 milhões de dólares.

Fiquei sem saída. Ele continuou:

— E você e eu sabemos que não é possível uma igreja conseguir recursos suficientes para compensar um custo básico tão grande.

— Está bem, Ted. Então, sabemos que é impossível. Vamos simplesmente fazer de conta que poderia ser possível de alguma forma! Vamos fazer o jogo do pensar possibilidades. Está pronto?

Rimos. Como é que uma igreja que não possuía membros compraria um terreno de 5 milhões de dólares? Fizemos uma

Faça o jogo do pensar possibilidades... e ganhe!

lista das maneiras possíveis: Encontrar um doador que contribuísse com esse valor. Encontrar cinco pessoas que doassem 1 milhão cada. Verbalizamos essas possibilidades um tanto ridículas e irrealistas e chegamos a uma terceira maneira possível: Conseguir 1 milhão de pessoas ao redor do mundo que dessem 5 dólares cada. Contratar uma agência de publicidade. Colocar propagandas honestas, alentadoras e emotivas para encorajar os crentes da Inglaterra, da Alemanha, da Holanda, do Canadá e dos Estados Unidos a apoiarem o "clube do 1 milhão" e a serem membros dele. Uma campanha promocional bem dirigida que deveria ficar por volta de 250 mil dólares daria resultado. Conseguir os endereços de todas as pessoas no mundo que contribuem para a obra missionária também daria resultados positivos. Ao enumerar em voz alta os aspectos distintos do plano, colocamos em ação as células mais inteligentes de nosso cérebro. Elas nos deram a quarta ideia: constituir uma sociedade anônima de crentes que comprem o terreno. Em 12 mil metros quadrados, as empresas japonesas de maior prestígio podem construir, para seus escritórios, um edifício de 33 andares. Além disso, teria espaço suficiente para a construção de um centro cultural músico-teatral para a comunidade, reservando-se, no contrato de arrendamento, o uso desse centro para as atividades da igreja, aos domingos pela manhã. Em último lugar, procurar um ponto estratégico entre Tóquio e Yokohama. Pode funcionar. É realmente possível.

O jogo do pensar possibilidades funcionou de novo! Tente-o você mesmo. Use-o para enfrentar qualquer problema — grande ou pequeno. Mas siga as seguintes regras cuidadosamente.

1. *Concorde em ouvir:* Com o ouvido ligado às possibilidades, preste atenção às ideias estranhas, maravilhosas e criativas que surgem de mansinho nos recessos de sua mente. Ouse expressá-las — todas elas! Não importa quão loucas pareçam. Você não precisa se preocupar em ser ridicularizado. Tenha em mente que afinal é somente um jogo. Esta regra, com a qual os jogadores concordaram, exige que todo jogador ouça com atenção toda ideia que surgir. Ideia alguma é rejeitada como sugestão impossível, e ninguém deve rir, zombar ou caçoar dela.

2. Concorde em ter interesse: O jogo do pensar possibilidades deve ter um objetivo básico sério. Deve haver um interesse profundo que faça o jogo ter início e continuar. Se estiver fazendo o jogo para imaginar dez maneiras possíveis de ganhar 1 milhão de dólares quando você, na verdade, não se importa em conseguir esse valor, suas células cerebrais mais criativas não serão estimuladas a agir. As forças escondidas e adormecidas nas profundas e escuras regiões do inconsciente levantam-se e despertam-se para a consciência criadora somente quando a mente subconsciente crê, de verdade, que o projeto é muito importante. O jogo do pensar possibilidades produzirá ideias novas, sérias e excitantes se a mente que estiver jogando realmente se importar!

Certo dia, numa discussão de mesa-redonda, alguém perguntou a Norman Shumway, o estimado cirurgião, pioneiro do transplante de coração, se o coração artificial jamais seria inventado.

— Impossível — disse ele. — Seria necessário uma fonte geradora de força permanente e sem falhas.

Para encerrar a discussão, declarou:

— E, se tivéssemos isso, não haveria necessidade de colocarmos tanques de gasolina nos carros.

Com esse comentário, todos os membros do painel ficaram calados. Toda a discussão posterior girou em torno de assuntos tais como vencer os problemas da rejeição corporal de tecidos estranhos.

Algumas semanas mais tarde, mencionei o problema de construir um coração artificial a alguns sócios, e decidimos fazer o jogo do pensar possibilidades para resolver essa impossibilidade. Desafiamos nossa imaginação para conseguir dez maneiras para resolver o problema. Para nós, era um jogo. Entretanto, nós nos interessávamos profundamente porque sabíamos que a invenção de um coração artificial seria um avanço inestimável para o bem-estar humano, se fosse possível. Não me lembro de todas as ideias que tivemos, mas lembro-me de uma das perguntas: "Por que não manter a fonte de força fora da cavidade torácica? Podíamos usar fontes temporárias de energia e simplesmente trocar as baterias regularmente. Duas baterias de reserva poderiam ser ligadas a qualquer hora para prover a energia de apoio necessária, como um sistema de segurança". A urgência tem um efeito notoriamente estimulante.

3. *Faça perguntas grandes:* Todos os jogadores devem concordar em investigar — e fazer perguntas que desafiem a imaginação. Você descobrirá que essa é uma dica muito lucrativa! Um dos psicólogos de nossa equipe disse: "Quase todas as pessoas problemáticas que vêm à nossa clínica chegam a um nível de frustração perto do desespero porque não fazem perguntas suficientemente grandes".

Durante séculos, os homens ficaram sentados debaixo de macieiras. Assopraram ventos, e caíram maçãs. As maçãs, às vezes, caíam na cabeça de alguém. Durante milhares de anos, a reação a isso fora previsível: uns ficavam com raiva da árvore, do vento e da maçã; outros, por estarem com fome, em lugar de sentir raiva, simplesmente comiam a maçã;

havia ainda aqueles que tinham coisas mais importantes em que pensar e rapidamente ignoravam essa ocorrência tão comum. Certo dia, porém, uma maçã caiu na cabeça de um homem especial. Quem era ele? O que ele fez? Ele era Isaac Newton. Ele reagiu de forma diferente dos demais, fazendo uma grande pergunta: "Por que a maçã *caiu* para baixo, não para cima? Por que caiu em vez de *subir* como uma pena no ar?".

Uma grande pergunta, incrivelmente simples, destravou o pensamento criativo e resultou na revelação da lei da gravidade. A curiosidade é a mãe da criatividade, assim como a necessidade é a mãe da invenção.

Eis outro exemplo: Em certa época, todas as estações de rádio da Nova Zelândia pertenciam ao governo e eram por ele operadas. Um conhecido meu, Jim Frankham Jr., da cidade de Auckland, e alguns de seus amigos jovens e dinâmicos pensadores de possibilidades decidiram que o país seria grandemente enriquecido se também tivesse estações de rádio de propriedade privada e controladas comercialmente.

— Impossível — disseram-lhes. — O governo jamais permitiria.

— A grande pergunta é: Como podemos transmitir ao povo da Nova Zelândia sem violar a lei?

Certa noite, os amigos decidiram fazer o jogo do pensar possibilidades. O resultado foi uma ideia brilhante: instalar uma estação transmissora em um transatlântico a 12 milhas da costa e transmitir daí ao país. Haviam encontrado a resposta, mas não tinham o dinheiro para comprar ou alugar um navio. De novo, fizeram o jogo. O resultado? Foram a um rico proprietário de navio simpático à ideia.

— Deixarei que usem um dos meus navios, de graça, com uma condição — disse o homem. — Se tiverem êxito

Faça o jogo do pensar possibilidades... e ganhe!

em forçar o governo a aceitar a ideia e permitir que operem legalmente em terra firme, que eu tenha um lugar na diretoria.

— Combinado — exclamaram em coro.

Agora outro problema impossível surgiu. Para que o navio saísse do porto, era necessário ter permissão do ministro da Marinha, que, para piorar a situação, era também chefe de radiodifusão. Estavam certos de que ele jamais permitiria que o navio zarpasse. Sendo Jim e seus amigos verdadeiramente cristãos, não deixaram que a ideia de decepção os vencesse.

— Tentemos, pelo menos — sugeriu alguém do grupo.
— Nada temos a perder.

O oficial do governo ouviu o pedido dos jovens com atenção. Sua reação foi incrível. Será que seus ouvidos não os enganavam?

— Deixarei que tirem o navio — disse o ministro. — A verdade é que, como ministro de radiodifusão, tenho pensado, ultimamente, que nosso país se beneficiaria se permitíssemos o funcionamento de estações de rádio particulares e comerciais. Mas nem posso mencionar o assunto! Se começarem a transmissão, e se o resultado do trabalho for bom a ponto de o povo pressionar meu gabinete a mudar a política nacional a fim de permitir a radiodifusão privada, tudo bem; não me oporei.

Essa história aconteceu vários anos atrás. O navio deixou o porto, e a estação entrou no ar em águas internacionais. Os neozelandeses ficaram espantados e depois inspirados ao ouvirem vozes novas e livres pelo rádio. Reagiram positivamente. A pressão no sentido da radiodifusão privada aumentou. Dentro de dois anos, o governo cedeu e permitiu o funcionamento da primeira estação comercial de rádio daquele país! Hoje existem outras estações particulares em operação.

Investigue! E, com certeza, encontrará a solução!

4. *Inove:* Desenvolva a técnica de perceber princípios de sucesso em situações afins e, o que é muito importante, em situações não *relacionadas*. Isole esses princípios, relacionando-os ao seu problema, aplicando-os à sua situação, e se tornará um inovador!

Cyrus McCormick usou esse princípio enquanto cortava o cabelo! O barbeiro usava uma tesoura antiga. Cyrus meditou: "Por que não usar o princípio da cortadora deslizante para uma colheitadeira?". O resultado foi que a colheita de aveia, antes feita manualmente, agora passou a ser feita por uma nova invenção chamada colheitadeira McCormick.

Adquira o hábito de perceber e analisar todas as operações de sucesso. Descubra por que funcionam. Indague a respeito do princípio positivo empregado. Imagine se pode adotá-lo em outras situações.

5. *Presuma sucesso:* Ao fazer o jogo do pensar possibilidades, não é permitido expressar frases que destruam a criatividade; sentenças como: "É caro demais", "Não está ao nosso alcance", "Não temos tempo", "Nossa equipe não é capaz", "É proibido por lei".

Se, entretanto, suspeitar que realmente existem problemas de dinheiro, tempo ou pessoal, deve então fazer jogos diferentes que se centralizem nesses problemas. Faça perguntas como as que seguem: "Onde e como podemos conseguir o dinheiro necessário?", "Quem precisamos acrescentar à equipe?", "Como podemos resolver o problema da falta de tempo?", "Como é que podemos mudar a lei?", "Como é que podemos economizar tempo e dinheiro?".

Enquanto isso, deve prosseguir presumindo que cada um desses problemas será resolvido. Se o projeto, causa, sonho ou meta for realmente vital, esses obstáculos não o bloquearão.

Faça o jogo do pensar possibilidades... e ganhe!

Você pode manobrar, fazer reconhecimento e explorar. Não deve parar, mas prosseguir, sabendo que, de alguma forma, a porta se abrirá, o apoio e a ajuda virão, e uma solução será encontrada.

Se seu caso for válido, presuma que os problemas de dinheiro serão resolvidos à medida que você prosseguir. Ao fazer o jogo, use esta regra: existe disponível uma quantia ilimitada de dinheiro. Pense nas ideias que lhe ocorreriam se soubesse que poderia dispor de milhões de dólares para custear seu projeto. Jamais permita que a falta de dinheiro reprima o fluxo de ideias no estágio criativo! Se seu projeto valer a pena, o dinheiro fluirá em sua direção! Milhões de dólares são colocados diariamente em cadernetas de poupança no mundo todo. Esse dinheiro aguarda grandes oportunidades de novos investimentos.

Presuma que as leis podem ser e serão modificadas. Se houver leis que o impeçam de fazer o que deseja, contrate um advogado que pense possibilidades.

Dr. William Brashears, de Fullerton, Califórnia, decidiu construir um lindo centro comercial num terreno estratégico de 4 ½ hectares. Era de estranhar que ninguém tivesse tido a mesma ideia, pois se tratava de um terreno ideal para um centro comercial. Investigando, ele descobriu o motivo. Havia um projeto municipal para construir ali canais de prevenção contra inundações. A lei proibia a construção de edifícios sobre esses canais.

— Por quê? — perguntou Bill. — Por que não se constrói um grande túnel subterrâneo que contenha o fluxo das águas em vez de um canal aberto? Com os métodos modernos de construção, isso pode ser feito com segurança.

Ele creu. Fez cruzadas. Venceu! A lei foi modificada. O Centro Comercial Brashears é hoje uma resplandecente estrutura de 12 andares. Debaixo dele, corre inofensivamente, dentro de um túnel reforçado de concreto, o canal de controle de inundação.

Presuma também que vários detalhes e dificuldades podem ser resolvidos por especialistas de campos diversos, como financistas, técnicos, políticos e psicólogos. Presuma que neste vasto mundo há alguém, em algum lugar, capaz de ajudá-lo a vencer. Presuma que pode conseguir essa ajuda.

Alguns jovens, na costa oeste dos Estados Unidos, decidiram fundar uma empresa e surpreendentemente conseguiram contratar os serviços de um químico mundialmente famoso. O renomado pesquisador explica o motivo de seu novo emprego:

— Quando esses jovens me procuraram, eu estava procurando uma mudança, algo novo e desafiador. Eles causaram-me excelente impressão.

Presuma que poderá organizar ou reorganizar seu horário para fazer o que precisa ser feito. Se estiver pensando num programa que parece necessitar de cinco anos e só tiver um ano para fazê-lo, não desista. Presuma que descobrirá um modo de fazê-lo cinco vezes mais rápido.

6. *Agora, aproxime-se de Deus:* Deixe que a mente criativa do universo dê a você inspiração. Wilma Todd nasceu com paralisia cerebral e vive numa cadeira de rodas. Pertence a um grupo de amigos que também vivem em cadeiras de rodas e formaram um time de boliche. Denominaram seu time de OS QUE PODEM.

— Como é que vocês conseguem jogar boliche? — perguntei-lhe.

— Queríamos tanto jogar boliche que mandamos construir uma rampa e simplesmente deixamos a bola rolar. É divertidíssimo! — Wilma ri, acrescentando:

Faça o jogo do pensar possibilidades... e ganhe!

— Não são as desvantagens, mas as capacidades que contam.

Tudo o de que precisamos é ter fé. Alguém disse: "Fé é responsabilidade. É nossa resposta à capacidade de Deus".

Portanto, faça o jogo do pensar possibilidades e descobrirá, recuperará ou redescobrirá a oportunidade maravilhosa de ser verdadeiramente uma pessoa criativa. Será convidado a participar de reuniões para resolver problemas e apresentado da seguinte maneira:

— Eis alguém que poderá encontrar a solução de que precisamos.

CAPÍTULO 6

Anule o temor do fracasso e prossiga

Lembra-se da barra da jaula de tigre? Recorda-se da liberdade que sentiu quando conseguiu afrouxá-la? Cuidado! No momento em que surge uma possibilidade nova e excitante, é de esperar que o velho inimigo procure levá-lo de volta ao antigo estado.

Para ter êxito em se tornar a pessoa que deseja ser, elimine de uma vez por todas o problema persistente chamado *medo do fracasso*.

Você pode ter imaginado soluções, pode ter ideias criativas, mas, até que elimine o temor do fracasso, seu projeto jamais entrará no campo das realizações. Suas metas se transformarão em pântanos onde suas melhores ideias afundarão. Sufocarão você em vez de trazer-lhe ânimo. As metas inspiram os pensadores de possibilidades, mas tendem a destruir os pensadores timoratos.

Isso pode explicar o motivo pelo qual Sigmund Freud, pensador negativo, era contra a fixação de metas. Ele via os perigos potenciais: "Metas não alcançadas geram ansiedades e frustrações que levam à enfermidade", contendia ele. Explica também por que outro psiquiatra vienense, Viktor Frankl, pensador positivo, insiste na fixação de metas. Ele vê possibilidades: "A falta de metas destrói todo o significado da vida", afirma.

A verdade é que tanto Freud como Frankl estão com razão! Entretanto, a solução não é ter medo das metas, mas eliminar o *temor* do fracasso. A verdade é que por meio do pensar possibilidades a pessoa elimina o fracasso de sua vida. Isso é possível quando a pessoa transforma o fracasso, de uma força negativa, em uma força positiva, dando outra definição ao significado do fracasso.

- *Fracasso não significa* que você é um fracassado... *Significa* que você ainda não teve êxito.
- *Fracasso não significa* que você nada conseguiu... *Significa* que você aprendeu alguma coisa.
- *Fracasso não significa* que você tem sido um tolo... *Significa* que você teve muita fé.
- *Fracasso não significa* que você foi desacreditado... *Significa* que estava disposto a tentar.
- *Fracasso não significa* que você tem falta de capacidade... *Significa* que você deve fazer algo de modo diferente.
- *Fracasso não significa* que você é inferior... *Significa* que você não é perfeito.
- *Fracasso não significa* que você desperdiçou sua vida... *Significa* que você tem motivos para começar de novo.
- *Fracasso não significa* que você deve desistir... *Significa* que deve lutar com maior afinco.
- *Fracasso não significa* que você jamais alcançará sua meta... *Significa* que vai levar um pouco mais de tempo para alcançá-la.
- *Fracasso não significa* que Deus o abandonou... *Significa* que Deus tem uma ideia melhor!

Por essa definição positiva de fracasso, a pessoa pode verdadeiramente eliminar o fracasso como em geral é compreendido e definido pelos pensadores negativistas. O fracasso nunca é real se ele se torna a força que dirige e produz fortaleza! O verdadeiro fracasso nada mais é que uma atitude

Anule o temor do fracasso e prossiga

mental negativa. Você tem uma ideia brilhante? Tem medo de ela não ter êxito? Vença o medo do fracasso denominando-se pessoalmente de pesquisador. Agora *tente* e chame sua tentativa de "experiência". Assim, o fracasso se torna impossível! Pesquisadores e experimentadores não podem falhar. Sempre têm êxito na experiência de uma ideia para ver se ela funciona ou não!

Elimine o temor de seu pensamento

Uma de duas emoções o dominará e dirigirá: a fé ou o temor. Jamais entregue a direção de sua vida ao temor! A Bíblia está cheia de mandamentos sobre a coragem. Alguém mencionou que há mais de 300 versículos bíblicos com a ordem "não temas" e outras expressões equivalentes. Um para cada dia do ano! Eis alguns desses chamados à coragem: "Não tema [...]. Quando você atravessar as águas, eu estarei com você; quando você atravessar os rios, eles não o encobrirão. Quando você andar através do fogo, não se queimará; as chamas não o deixarão em brasas. Pois eu sou o SENHOR, o seu Deus";[1] "Seja forte e corajoso! Não se apavore nem desanime, pois o SENHOR, o seu Deus, estará com você por onde você andar".[2]

O temor negativo não é normal

Porque a maioria, se não todos os seres humanos, em certas horas, é levada a temer, não significa que o temor seja algo normal e natural. O estado normal do homem é ter saúde. O estado anormal é estar doente. O temor não é normal porque não vem de Deus. Provém da mente incrédula dos

---

[1] Isaías 43.1-3, Nova Versão Internacional.
[2] Josué 1.9, Nova Versão Internacional.

pensadores negativistas. Contudo, "Deus não nos deu espírito de covardia, mas de poder, de amor e de equilíbrio".[3]

Dr. E. Stanley Jones, uma das mentes mais brilhantes do século XX, resumiu esse assunto esplendidamente em seu livro *Vida abundante*:

> Percebo que meu interior está programado para a fé, não para o medo. O temor não é minha terra natal, mas, sim, a fé. Fui formado de tal maneira que a preocupação e a ansiedade são a areia na maquinaria da vida: a fé é o óleo. Vivo melhor pela fé e confiança do que pelo temor, dúvida e ansiedade. Na ansiedade e preocupação, meu ser sente falta de ar. Esses não são meu ambiente natural. Mas na fé e confiança respiro livremente. Essas são meu *habitat*. Certo médico do Hospital John Hopkins disse: "Não sabemos por que os preocupados morrem mais cedo que os que não se preocupam, mas isso é um fato". Mas eu, que tenho pouco conhecimento, penso que sei: nosso interior, cada nervo e tecido, cada célula do cérebro e da alma foram feitos para a fé, não para o temor. Deus nos fez assim. Viver pela preocupação é viver em luta desnecessária contra a realidade.

Temor — um poder paralisador

Nenhuma força ou emoção alguma paralisa mais que o temor. Ele impede que o vendedor saia para o trabalho; faz que o jovem namorado não peça sua amada em casamento; faz que a pessoa que procura emprego não compareça à entrevista; paralisa o executivo nos instantes de tomar uma decisão importante; impede que o sedento pela verdade entregue a vida a Deus.

---

[3] 2Timóteo 1.7, Nova Versão Internacional.

Anule o temor do fracasso e prossiga

De todos os sórdidos e lamentáveis temores humanos, nenhum é mais destrutivo e derrotador que o temor do fracasso. Lance esse temor para fora de sua vida.

> Anule seus temores antes que eles o anulem.

1. Exponha seu temor do fracasso à luz da verdade. O temor cresce na escuridão. A fé aumenta à luz do dia. Lance a luz da compreensão sobre seu temor do fracasso e fará uma descoberta surpreendente: você, na verdade, não tem medo do fracasso. Você pensa que tem medo do fracasso, mas não tem. Seu real temor é que, se falhar, seus amigos e conhecidos rirão de você ou o deixarão de lado. O temor do fracasso é, na verdade, medo de uma situação embaraçosa ou de ser abandonado. Por que temer o abandono? Afinal de contas, você pode cuidar de você mesmo. Então, por que está com medo? Porque temer o abandono é temer a perda da autoestima. O maior medo é o de ser ridicularizado. *De modo que a pessoa não tem medo do fracasso; simplesmente pensa que tem.*

Medo de perder o autorrespeito? Tenha isto sempre em mente: as pessoas nunca abandonam o perdedor que não desiste. Por anos, o time de beisebol New York Mets foi motivo de riso no mundo esportivo, mas, a despeito disso, seus torcedores o amavam. Eles sabiam que o time tentava ganhar. Finalmente, em 1969, ganhou o campeonato mundial. A fé dos torcedores foi recompensada.

Os ratos abandonam o navio que está afundando. Os amigos que o deixarem por você ter falhado não são amigos de verdade! "O verdadeiro amigo", disse um sábio, certa vez, "é a pessoa que vem quando todos se vão". As melhores pessoas do mundo correm para o lado do perdedor honesto e perguntam: "O que posso fazer para ajudá-lo?". Batendo-lhe no ombro, com admiração pelo seu espírito esportivo, cumprimentam-no com sinceridade: "Você é ótima pessoa". Você realmente amará a você mesmo ao ver os amigos maravilhosos que possui. Lembre-se de que o fracasso honesto não é motivo de ridículo. Vergonha é falta de fé. A covardia é aviltante.

Não tentar por medo de ter de doar-se mais, sacrificar-se mais ou envolver-se mais é uma atitude desprezível! Quando a pessoa tenta repetidas vezes e demonstra dedicação, coragem, fé e autossacrifício, atrai um grupo grande de novos e verdadeiros amigos que estimularão seu autorrespeito.

Por ter sido feito à imagem de Deus, o homem não pode suportar a vergonha. A natureza humana exige que ele seja tratado com dignidade. O temor do fracasso é um mecanismo de defesa fabricado subconscientemente a fim de proteger o ego inseguro de prosseguir com uma experiência arriscada e potencialmente embaraçosa.

2. *Ao ignorar o assim chamado temor do fracasso, a pessoa construirá sua autodignidade e desenvolverá uma perspicácia maravilhosa.* Descobrirá que o temor do fracasso não promove nem protege o autorrespeito. Na realidade, impede-o. Suponha que venha a você uma ideia brilhante à mente, mas, por causa do temor do fracasso, você deixa que a oportunidade dourada passe de largo. Você está livre do medo do embaraço, mas entediado. O tédio *não gera* autoestima. O que provoca o tédio? Dá-lhe muito tempo para pensar: "Podia ter funcionado".

Para citar John Greenleaf Whittier: "De todas as palavras tristes ditas ou escritas, estas são as mais tristes: 'Podia ter sido' ".

Anule o temor do fracasso e prossiga

A pessoa envelhece colecionando e acariciando uma multidão de remorsos. Por que não fiz isto ou aquilo? Por que não comprei quanto podia? E, para deprimi-la ainda mais, pode ver alguém aproveitando a oportunidade que ela perdeu. O êxito alheio causa ciúmes. As dores do ciúme tornam-no mais amargo e inspira mais ações e pensamentos negativos. Dessa forma, o temor do fracasso bloqueia e destrói seu autorrespeito em vez de protegê-lo. Se der atenção a seus temores, morrerá sem jamais conhecer a fabulosa pessoa que você poderia ter sido.

3. Lembre-se de que não há progresso sem risco. Até que tenha falhado, não poderá saber se sua meta era suficientemente alta. Êxito é aproveitar ao máximo a oportunidade que Deus deu a você. Fracasso é falhar em aproveitar ao máximo os dons e as ajudas que Deus oferece.

James Bryant Conant, emérito reitor da Universidade Harvard, disse: "Observe a tartaruga... ela só progride quando põe a cabeça para fora". Lorde Halifax, ministro de Relações Exteriores da Inglaterra, disse a mesma verdade com as seguintes palavras: "Quem nada deixar à sorte fará mal poucas coisas, mas fará poucas coisas". Benjamin Franklin disse em termos parecidos: "O homem de ação comete muitos erros, mas não comete o maior de todos — não fazer nada".

Se no momento você não estiver enfrentando riscos, não está crescendo nem progredindo. Está parado ou indo para trás.

4. Lembre-se: Se você permitir que o temor o controle, estará fadado a uma existência monótona, sem vida e sem aventuras.

> É melhor fazer algo com imperfeição que não fazer nada perfeitamente.

5. Tire de sua mente o perfeccionismo. O temor do fracasso prolifera no pensar extremamente idealizado da mente perfeccionista. O perfeccionismo também é temor de rejeição. A pessoa teme que o fracasso exponha sua imperfeição. Reflita e lembre-se de que ninguém é perfeito. Alguém inteligente nunca espera perfeição de outrem. As pessoas boas e sensatas jamais o rejeitam quando sua imperfeição é exposta mediante o fracasso. Elas entendem que fracassar é simplesmente uma maneira de demonstrar que você é humano. Todo indivíduo é um fracasso de alguma maneira, em certa época, em algum nível. Tenha em mente o seguinte: "Errar é humano; perdoar é divino".

Em última instância, as pessoas o aceitarão ou rejeitarão não pelo que você faz, mas pelo tipo de pessoa que é.

6. Compreenda que o fracasso nunca é final nem total. Muitas pessoas não tiveram sucesso no primeiro casamento e acabaram se divorciando. Mais tarde, porém, partiram para um segundo casamento bem-sucedido! É possível fracassar num empreendimento e ter êxito em outro.

Os pensadores de impossibilidades são mestres enganadores de afirmativas extremas, irresponsáveis e negativas, tais como: "Estou acabado", "É o fim", "Nunca serei nada", "Sou um fracasso total". *Cada uma dessas afirmações é uma inverdade exagerada!* Jamais fale ou pense dessa maneira.

Anule o temor do fracasso e prossiga

Dr. Smiley Blanton, um dos mais notáveis psiquiatras do século XX, certa vez disse a Norman Vincent Peale, seu colega: "Sou psiquiatra há quase quarenta anos e, nesse tempo, há algo que me parece bastante claro: *Há enormes áreas não prejudicadas em cada vida humana*. Se tão somente pudessem ser descobertas e se tão somente a pessoa pudesse crer nelas e sobre elas construir [...]. Ninguém é um caso perdido". Ele continua: "Freud percebeu isso quando escreveu: 'Parece haver momentos em que até mesmo pessoas com os mais complexos problemas mentais observam seu próprio ser doente mover-se fora de si mesmas e são quase como espectadores que veem toda a tragédia desenrolar-se'".

Richard Lemon, em um de seus artigos, conta um caso ocorrido num sanatório, num subúrbio de Paris, durante a Segunda Guerra Mundial. Estavam internados 154 pacientes julgados pelos melhores psiquiatras como sem esperança. Certa noite, o exército de libertação bombardeou as paredes do hospital. Na confusão que se seguiu, os 154 pacientes escaparam. Muitos anos mais tarde, quando finalmente conseguiram descobrir o paradeiro de todos eles, as autoridades ficaram espantadas, pois 86 dos 154 tinham se recuperado completamente e estavam perfeitamente normais. Lembre-se: Neste mundo, não existe fracasso total!

7. *O fracasso verdadeiro é fracassar como pessoa*. É provável que você esteja se perguntando: Afinal, o que é o fracasso verdadeiro? A resposta é clara: O fracasso verdadeiro é fracassar como pessoa. Ceder à covardia diante de uma aventura urgente e arriscada. Desistir temerariamente do alto chamado a um nobre dever por ver a possibilidade de imperfeição no cumprimento dele. Estar mais interessado em proteger seu orgulho de um fracasso embaraçoso que promover uma causa digna e maravilhosa. Tirar a fé da direção de sua vida futura e elevar o temor a uma posição de autoridade e poder sobre seu destino. Isso é fracassar como pessoa.

8. *Anule seus temores*. Não fique perto dos que gostam de dizer: "Não pode ser feito", "Jamais funcionará", "Outras pessoas já tentaram isso, e não funcionou", "Nunca foi feito antes". Separe-se dessas forças destrutivas e negativas. Fique longe de pessoas que geram vibrações depressivas e desencorajadoras. Anule seus temores. Tire-lhes o sistema de suporte vital.

9. *Agora junte-se ao clube NMT (Nunca mais tema)*. Como se entra para esse clube? Desenvolva uma fé vigorosa em Deus. A pessoa realmente cristã é imbatível. Um ilustre conhecido afirma: "Aquele que cuida de mim jamais comete erros".

Um estudante que optou por um curso muito difícil disse-me que escreve seus temores numa folha de papel, transforma-a em bola e traspassa o papel com uma flecha que representa Jesus Cristo.

Um dos mais audazes homens de negócios norte-americano foi o falecido Robert Le Tourneau. Contou o segredo de sua intrepidez neste simples pensamento: "Deus é meu sócio. Como é possível sentir medo quando se tem um parceiro como esse?".

"Toda vez que apareço perante as câmaras ou subo ao palco, oro: 'Usa-me, Senhor, usa-me' ", contou-me minha amiga Doris Day. E acrescentou: "Quando compreendi que eu era um canal para o uso de Deus, parei de preocupar-me com possíveis gafes".

Mostre-me uma pessoa que tenha um sonho consumidor e uma fé inabalável, e eu lhe mostrarei um campeão em remover obstáculos. Ela tem certeza do êxito. Crê na verdade

Anule o temor do fracasso e prossiga

bíblica descrita em Provérbios 3.6: "Reconheça o SENHOR em todos os seus caminhos, e ele endireitará as suas veredas". Ethel Waters tem como lema: "Deus não patrocina fracassos".

Você pode ter superforça

Vincent H. Gaddis, em seu livro *Coragem em crise*, conta várias histórias de força sobre-humana que miraculosamente salvou vidas:

> Robert Heitsche, um garoto de 12 anos de idade, brincava num edifício em construção, numa tarde do ano de 1965, quando caiu sobre ele meia tonelada de andaimes e tijolos. Os gritos dos colegas que brincavam com Robert atraíram à cena o patrulheiro Clint Collins, de 28 anos de idade. Collins, que pesava 70 quilos, agachou-se e, com um só empurrão, retirou a confusão de andaime e tijolos.
>
> "O que me impressionou foi ver a mão do menino que aparecia entre o aço e os tijolos. Nesse instante, eu poderia ter atravessado uma parede de concreto para ajudar", explicou Collins.
>
> Numa manhã de novembro de 1964, a carroceria de uma caminhonete de nove assentos avançava lentamente na última porção da linha de montagem na fábrica Fisher Body Company, em Flint, no estado de Michigan. A carroceria estava montada sobre um transportador de aço. O peso dela e do transportador ultrapassava folgadamente 1 tonelada.
>
> Victor H. Howell, de 21 anos de idade, estava em pé ao lado da linha de montagem. Esperou até que a carroceria de um automóvel que ia na frente da carroceria da caminhonete tivesse passado e se inclinou para examinar o pedido de encomenda.

De repente, ele escorregou, perdeu o equilíbrio e caiu. Ao cair, enroscou o pé no transportador, num ponto em que se inclinava abaixo da superfície do assoalho. Estava preso, sem possibilidade de escape. O transportador com sua pesada carga estava a poucos centímetros dele. Dentro de segundos, sua perna seria transformada em polpa. Charles J. McClendon, operário de outra seção da fábrica, apareceu em cena no exato instante em que Howell gritou pedindo ajuda. Naquele momento, McClendon, um homem forte de 48 anos de idade, 92 quilos e 1,78 metro de altura, transformou-se num super-homem.

"Lembro-me de que eu estava com as costas voltadas para o transportador e as mãos presas sob o caminhão", disse ele mais tarde. "Não sabia o que fazer; então, foi como se ouvisse uma voz dentro de mim dizendo: 'Levante o caminhão!'. E de alguma forma o fiz."

Em Columbus, Ohio, no ano de 1966, Carolyn Horn, uma moça de 18 anos de idade que pesava menos de 45 quilos, tirou um tronco de árvore de 12 metros de comprimento por 30 centímetros de espessura, empurrando-o a uma distância de cerca de um metro, para salvar um primo.

Gene Perryman, de 25 anos de idade, estava em pé na varanda de trás de sua casa em Jasper County, na Carolina do Sul, no dia 1º de outubro de 1965, com o bebê nos braços. Seus outros dois filhos, Andy, de 8 anos, e Vicki, de 9, estavam na frente da casa esperando o ônibus escolar.

De repente, Gene ouviu o grito de Vicki, e ao grito seguiu-se o chiado de freios de carro. Colocando o bebê no berço que estava na varanda, correu ao redor da casa até a rua. Andy havia sido atropelado por um carro que o arrastara quase 50 metros. O menino estava enfiado entre uma das rodas traseiras e o tanque de gasolina.

Anule o temor do fracasso e prossiga

Agarrando o para-choque traseiro do carro, a senhora Perryman levantou o veículo e o empurrou, até tirá-lo de cima de seu filho, jogando-o numa vala. Andy foi levado para o hospital, e os médicos informaram que ele estava em ótimas condições físicas. O carro pesava 885 quilos. A senhora Perryman é uma mulher pequena de apenas 1,50 metro de altura e pesa 43 quilos.

"Não sei como fiz aquilo", explicou a senhora Perryman aos repórteres que a entrevistaram. "Tudo aconteceu tão rapidamente. A única coisa que posso dizer é que tinha de salvar o Andy. Ele estava preso debaixo do tanque de gasolina, e fiquei com medo de ele pegar fogo. Se tivesse sido um de seus filhos, vocês também teriam encontrado a força que encontrei."

Qual é a fonte dessa energia espantosa?

Sabe-se que uma substância química, a adenosina trifosfato (ATP), é a responsável por nossa energia. Ao ser ativada por impulsos cerebrais, a ATP provê energia aos músculos numa reação complicada de 20 estágios, com um efeito quase explosivo.

A seguinte demonstração de superforça é uma das mais incríveis registradas, segundo Gaddis:

Era um pouquinho antes de meia-noite do dia 18 de fevereiro de 1952, num lugar distante 16 quilômetros ao norte de Houston, no Texas. Roy Gaby voltava a Houston, vindo de Waco, dirigindo um enorme rebocador de 14 rodas, quando um carro, dirigido por um homem aparentemente bêbado, entrou na estrada principal, saído de uma estrada lateral. Gaby deu um golpe no volante para evitar a colisão, perdeu o controle e a frente do caminhão chocou-se contra um enorme carvalho. O reboque foi jogado sobre a cabina do caminhão, prendendo Gaby entre os ferros retorcidos.

O corpo de Gaby estava dobrado ao meio sob o teto amassado da cabina. Seus pés estavam presos entre a embreagem e o freio, e o volante estava praticamente enfiado contra sua cintura. De ambos os lados, as portas estavam completamente retorcidas. O motor havia sido empurrado para dentro.

"Primeiro amarramos o reboque ao motor com a intenção de separá-lo do corpo do motorista e assim livrar a vítima", explicou mais tarde o policial aos repórteres. "Nem se mexeu. Então, enganchamos um caminhão na frente do reboque para termos mais potência. Nada aconteceu. Então, amarramos mais dois caminhões na traseira do rebocador de Gaby, tentando puxá-lo em direções opostas para separar as partes do veículo acidentado. Esse expediente também não deu resultado."

Enquanto os motores do reboque e dos três caminhões rugiam inutilmente, um espectador gritou: "Fogo! Meu Deus, ele está pegando fogo! Ele vai ser queimado vivo!".

Chamas pequenas podiam ser vistas por baixo da cabina e começaram a se mover pelo chão [...].

Caminhoneiros e motoristas começaram a golpear as portas com martelos e alavancas de aço, mas as portas não cediam 1 milímetro sequer.

"Nunca vi algo tão horrível", afirmou, mais tarde, um policial chamado Henry. "Senti desejo de orar pedindo um milagre. O fogo chegou até o chão debaixo da cabina. Quando chegassem os carros de bombeiros, seria tarde demais. Foi então que se aproximou um homem negro, estranho e forte perguntando se poderia ajudar em alguma coisa. Sacudi a cabeça negativamente. Se três caminhões grandes e um reboque não puderam abrir a cabina, ninguém poderia fazer nada."

O que aconteceu em seguida jamais será esquecido pelas pessoas que estavam no local do acidente.

Anule o temor do fracasso e prossiga

O homem negro foi até a cabina, pegou as portas que haviam resistido aos martelos e alavancas de aço, e as arrancou. Jogando as portas ao longe, rasgou o tapete em chamas e, com as mãos nuas, apagou as chamas ao redor dos pés de Gaby. Entrou na cabina, pegou a coluna do volante e a dobrou, separando-a do corpo de Gaby. Depois, com uma mão no pedal da embreagem e a outra no pedal do freio, separou-os, livrando os pés da vítima [...].

Enquanto os espectadores apavorados contemplavam a cena, aquele homem tentou arrastar-se para dentro da cabina dobrando todo metal que encontrava em seu caminho. Finalmente, pôde entrar o suficiente para colocar-se meio de pé, cabeça abaixada e ombros contra o teto amassado. Seu corpo ficou tenso enquanto aplicava toda a sua força para cima. Podiam-se ver seus músculos intumescidos através da camisa ensopada de suor.

De repente, ouviu-se um som de metal cedendo. Olhando as chamas com olhos que despediam chispas de ódio, o homem sustentou o peso do teto da cabina enquanto o corpo de Gaby era retirado de dentro dela pelo policial Henry e vários caminhoneiros.

Eu acrescentaria: "Ninguém sabe o que pode fazer até que Deus o inspire". Porque, quando os impulsos de Deus excitam o cérebro, não só é liberada a ATP, mas também o são todos os poderes de Deus para triunfar!

Transforme o medo em uma força positiva

Se, depois de ler os exemplos citados, você ainda sentir uma inclinação ao medo que não pode eliminar, então sublime-o! Faça que seus temores trabalhem *para*, não *contra*, você.

"Seria impossível viver sem enfrentar diariamente o desconhecido", declarou Pierre Boulez, diretor da Orquestra Filarmônica de Nova York. A essa emoção que tendemos chamar de "temor", deveríamos dar o nome de "mistérios do futuro".

De modo que pudéssemos transformar nossos temores em uma força positiva que nos pudesse motivar:

- *Não tema* que possa cair... *Tema* nunca ter êxito.
- *Não tema* ser magoado... *Tema* jamais crescer.
- *Não tema* amar e perder... *Tema* jamais poder chegar a amar.
- *Não tema* o riso dos homens... *Tema* ser chamado por Deus de "homem de pequena fé".
- *Não tema* cair de novo... *Tema* a constatação de que poderia ter tido êxito se tão somente tivesse tentado de novo.

Pronto? Avante com a grande ideia. Prepare-se para começar. É arriscado? Ótimo! É sua oportunidade de viver na dimensão da fé. Oscar Wilde disse: "A ideia que não é perigosa não merece ser chamada de ideia".

Meu amigo Fred Jarvis escreve coisas simples, mas notáveis: "Crime e terrível vergonha não é ter fracassado, mas, sim, ter alvo baixo demais. Aponte para o alto e eleve sua meta. Com Deus, planeje grande. Com Deus, planeje ser audacioso".

CAPÍTULO 7

A vitória inicia-se com o começo

O que o prende? Agora você já sabe que há:

uma meta que deve alcançar;
um sonho que deve realizar;
um plano que deve executar;
um projeto que deve começar;
uma oportunidade que deve aproveitar;
uma ideia que deve pôr em funcionamento;
um problema que deve resolver;
uma decisão que deve tomar.

Agora é hora de resolver outro problema difícil: **como começar**. Ele, um porteiro de escola, com apenas 59 anos de idade, mas de aparência velha, gorda e desleixada, sentia que já havia chegado ao fim da linha.

— Vocês podem ser a pessoa que desejam. Visualizem, organizem e realizem — ouviu seu pastor dizer certo domingo. — Simplesmente comecem — concluiu o pastor, fazendo uma pausa antes de gritar a última palavra — HOJE!

Por toda a vida, Walt Frederick havia lamentado o fato de não ser um tipo atlético e de ter péssima forma física. Agora aconteceu o milagre da fé. Ousou crer que poderia tornar-se um atleta fisicamente bem preparado! Começou com um regime controlado. Depois começou a correr. Um ano mais tarde, corria 3 quilômetros diariamente. Aumentou para 6 quilômetros pela manhã e 6 quilômetros à noite.

Aos 61 anos de idade, era esbelto e estava na melhor condição de saúde que já estivera em toda a sua vida, mesmo na adolescência. Agora corria *170 quilômetros por semana.*

Nunca me esquecerei do dia em que falou comigo depois de um culto na igreja.

— Adivinhe aonde vou na semana que vem, pastor — disse ele. Seus olhos brilhavam com entusiasmo juvenil.

Antes que eu pudesse responder, ele me disse:

— Vou a Boston. Vou participar da Maratona de 45 quilômetros.

Ele foi! Mais de mil corredores começaram essa maratona. Somente alguns terminaram. Walt Frederick estava entre os finalistas. Quatro anos mais tarde, ele tinha a parede da casa cheia de medalhas e troféus. E era conhecido em todos os Estados Unidos pelas corridas que fizera e pela quebra de vários recordes.

— Qual é o maior problema que você encontrou nesses anos? — perguntei-lhe. Sem hesitar um instante, ele respondeu:

— Posso responder com uma única palavra: meu maior problema *foi* e *é* a inércia.

Cri nisso então — creio nisso agora — esse é meu maior problema... e o *seu!*

Tipos de pessoas: com qual deles você mais se identifica?

Agora examine os quatro tipos de pessoas descritas a seguir:

1. *As pessoas não-não:* Nunca começam. Não é de admirar que nunca tenham êxito. Sempre têm uma desculpa para a falta de realização. Certo diretor de atletismo tinha tantos

A vitória inicia-se com o começo

problemas com pensadores negativistas que decidiu xerografar uma folha de álibi. Começava com estas palavras:

Esta lista é para simplificar o problema de escolher o álibi adequado para qualquer ocasião. Alguns atletas são tão ruins que não precisam de álibis. A maioria, uma hora ou outra, precisará dar uma explicação para uma má atuação, e a lista aqui apresentada poderá ser útil:

A corrida não me entusiasmou

Cãibra em...

Cãibra na perna

Comecei mal

Comi demais

Déficit de levantamento de pesos

Estou fraco por falta de alimentação

Estou preocupado com os estudos

Fiquei ansioso demais para ganhar

Fiquei assustado

Frio demais

Minha namorada foi muito carinhosa

Não consigo correr quando levo a dianteira

Não quero ter êxito excessivo

Não tive vontade de correr

Não treinávamos assim no colégio

Ouvi dizer que não serviriam comida depois do torneio

Participo de competições demais

Participo de torneios demais

Pensei que tinha um ataque do coração

Pista ruim

Preciso de iogurte

Prefiro competir ao ar livre

Prefiro competir em lugar fechado

Quente demais

Rachadura da tíbia

Solo muito duro

Solo muito mole

Tarraxas curtas demais

Achei que faltava uma volta completa da pista

Aqueci-me demais

Cegueira causada pelo reflexo do sol

Esqueci as chuteiras

Estou preocupado com problemas financeiros

Estou treinando lentamente para daqui a quatro anos

Meu treinador é americano e não compreende os atletas estrangeiros

Meu treinador é estrangeiro e não compreende os atletas brasileiros

Meu treinador é um...

Minha namorada não foi carinhosa

Muita gente dependia de mim

Não gosto dos jogos atléticos organizados

129

VOCÊ PODE SER QUEM DESEJA

Não pensei	Pensei demais
Não posso correr	Perdi-me
Não posso correr quando estou para trás	Quis ver como eram os outros ganhadores
Não quero progredir rápido demais	Sono em demasia
Não tinha chuteiras vermelhas	Sono insuficiente
Necessito de óleo de semente de trigo	Sou medroso
Ninguém se interessou por mim	Tarraxas compridas demais
O tempo de aquecimento foi insuficiente	Treinamento excessivo
	Treinamento insuficiente

2. *As pessoas ioiô:* Vão para cima e para baixo, para dentro e para fora, ficam quentes e frias, são sonhadoras e procrastinadoras.

3. *As pessoas gabolas:* Pensam grande, falam grande, mas ficam para trás no momento exato em que deveriam ir para a frente.

4. *Pessoas empreendedoras:* Pensam grande, falam grande, executam grande! Põem sua reputação em domínio público ao anunciar que vão triunfar. Elas mergulham fundo à procura do êxito, sem olhar nem para a direita nem para a esquerda. Ninguém se refere a essas pessoas em tom depreciativo.

Uma das lições mais impressionantes que já tive foi enquanto era hóspede na casa de W. Clement Stone, um supermilionário que se fez por si mesmo, filantropo proeminente, autor de sucesso e um dos maiores pensadores positivos que já viveu. No jantar, Clem Stone, dr. Karl Menninger e eu discutíamos "grandes conceitos".

Eu disse:

— Acho que a fé é o maior conceito.

Clem Stone disse:
— Creio que há algo mais importante que a fé. É a ação! O mundo está cheio de sonhadores, mas não há pessoas suficientes que sigam em frente e comecem a dar passos reais para tornar suas visões em realidade.

> **Pare de dar desculpas para não começar.**

A procrastinação é o seu maior inimigo. Os adiamentos transformarão oportunidades fabulosas em possibilidades vazias. Se não tiver a fé para se mover AGORA, não fique surpreso quando a pessoa que crê mais aparecer e usar sua ideia com êxito. Você gemerá e reclamará dizendo: "Pensei em fazer isso — por que não fiz?".

Goethe escreveu: "Perca esse dia em folguedos, amanhã se repetirá a mesma história, e o dia seguinte será mais dilatório. A indecisão traz suas próprias demoras, e muitos dias são perdidos lamentando o dia que foi desperdiçado. Na ação, há mágica e coragem. Qualquer coisa que possa fazer, ou pense que possa, comece. Uma vez começado, a mente se aquece. Comece o trabalho, e a obra se completará".

O que o prende?
1. *Preconceitos?* Examinemos alguns dos preconceitos que se tornaram desculpas clássicas para nossa inércia.

"Sou velho demais."
Ter 70 anos de idade significa ser tarde demais para começar uma vida nova? Se você for um pensador negativo e tiver preconceito com a velhice, vai pensar que está perto do

túmulo e não poderá começar nada novo. Se for um pensador de possibilidades, achará que tem dez ou vinte anos de vida pela frente. Em 1972, Frieda Schulze celebrou, aos 87 anos de idade, sua fuga de Berlim Oriental dez anos antes. Com 77 anos de idade, ela mergulhou em uma nova vida.

"Ainda tremo um pouco quando penso a respeito disso", disse a sra. Schulze ao recordar-se do incidente que se tornou manchete em todo o mundo em 1962. "Mas valeu a pena [...] não podia suportar a política deles", acrescentou ela, sacudindo o dedo para dar ênfase.

Quando os comunistas da Alemanha Oriental levantaram o muro de Berlim, no dia 13 de agosto de 1961, a sra. Schulze vivia no andar de baixo de um edifício de apartamentos, exatamente no limite da divisa da cidade, na Bernauer Strasse, que é o limite dos dois distritos. A calçada estava em Berlim Oriental, mas o edifício pertencia ao Ocidente.

Quando a polícia da Alemanha Oriental desenrolava arame farpado, centenas de pessoas do lado oriental da Bernauer Strasse, que levou a fama de ser a rua mais triste do mundo, jogaram alguns pertences pelas janelas e fugiram. Os alemães orientais então fecharam as janelas do andar de baixo com tijolos e mudaram os residentes para os apartamentos de cima que haviam sido deixados pelos que escaparam.

"Eu também fui levada para outra residência. Quando cheguei ao novo lugar, fiquei sentada como se estivesse paralisada", disse a sra. Schulze. "Não havia luz no apartamento, mas não era necessário porque havia muitos holofotes do lado de fora. Era uma luz terrível, e eu estava sentada bem no meio dela."

Muitas vezes, o sono da sra. Schulze foi interrompido pelo som de tiros disparados contra os refugiados que tentavam escapar, das sirenes dos bombeiros, das ambulâncias e

A vitória inicia-se com o começo

das vozes dos berlinenses ocidentais que gritavam palavras de alento aos residentes do outro lado do muro ou vulgaridades aos guardas alemães orientais.

"Finalmente, não pude aguentar mais e no dia 23 de setembro decidi fugir. Amarrei uma corda à minha maior poltrona e planejava descer por ela. Nessa noite, não preguei os olhos, pensando em como faria, e na manhã seguinte estava decidida a tudo... saltaria", relata a mulher magra de cabelos brancos. "Fui ao banheiro lavar-me. Estaria limpa ao abandonar meu lar."

O que aconteceu em seguida, os fotógrafos captaram e imagens foram transmitidas por todo o mundo. A sra. Schulze subiu à soleira da janela. Assim que a viram, os policiais de Berlim Ocidental chamaram o corpo de bombeiros. Colocaram uma rede de 5 metros debaixo da janela. Estava com o gato nos braços.

"O povo começou a gritar: 'Pule, vovó', repetidamente, e acho que o barulho alertou a VOPO (polícia comunista do povo). Ouvi quando chutavam a porta do apartamento, e dois deles se acercaram do parapeito da janela e queriam arrastar-me de volta para dentro."

Os berlinenses ocidentais que estavam na calçada viram o aperto por que ela passava. Um jovem subiu no parapeito da janela do andar de baixo. Sustentado por policiais, ele esticou o braço e pegou os pés da sra. Schulze e começou a puxá-la para baixo, enquanto um policial comunista a puxava por um braço para cima. Com o outro braço, ela segurava o gato.

"Joguei o gato na rede e depois pulei."
A multidão aplaudia e gritava, expressando sua alegria pelo escape da sra. Schulze. Ela teve muita sorte. Sofreu apenas um ferimento leve no quadril.

A verdade é que muita gente — nos próximos vinte e cinco anos — vai chegar aos 100 anos de idade! Os cientistas estão prolongando a vida. Espere viver cem anos. Ora, então, você está bem jovem hoje, não é mesmo?

"Sou vítima do preconceito racial."
Muita gente é, na verdade, vítima de preconceito racial por todo o mundo. Mesmo assim, em todo país onde existe o racismo encontram-se certos indivíduos excepcionais que destroem a barreira racial e conseguem vencer, a despeito do problema. Se você vive numa comunidade onde realmente existe preconceito racial, não faça dele uma desculpa para não tentar. Ao contrário, use-o como impulso para saltar sobre os obstáculos!

"Não tenho estudo."
Então, comece a estudar! Em muitas cidades, há escolas noturnas e de fim de semana em que se pode fazer um curso intensivo e concluir os estudos com qualidade e em pouco tempo. Educação deficiente já não é mais uma desculpa válida para não progredir, qualquer que seja a idade da pessoa.

"Não tenho dinheiro."
Então, vá ganhá-lo, faça economia ou tome emprestado. Querer é poder. Comece com pouco, aumente suas economias, e ficará espantado com quanto o caminho se tornará claro.
"Não têm, porque não pedem", diz a Bíblia. Já pediu a todos aqueles que lhe vierem à mente que financiem sua ideia? Ou tem ficado para trás por vergonha de pedir um empréstimo? Se esse for o problema, então não peça um empréstimo, peça que um amigo "alugue" algum dinheiro para você. Ofereça-lhe um "aluguel" de valor superior ao que ele

recebe com os rendimentos da poupança. Você estará prestando a ele um grande favor.

2. *Golpes da vida?* É isto que o prende? Estão as velhas feridas, as velhas derrotas prendendo-o, ferindo e perturbando? "Jamais me casarei de novo." "Jamais confiarei em alguém de novo." "Jamais crerei em Deus de novo." "Jamais me meterei em negócios de novo." "Fui queimado uma vez... nunca mais me envolverei nisso!" Se você pensa dessa maneira, então permitiu que os incidentes infelizes do passado o dominassem. Não deixe que as más recordações o manipulem. Um amigo meu, Don Herbert, teve sua porção de sofrimento humano. Quando telefonei para dar-lhe meus pêsames pela perda do pai, ele disse: "Bem, simplesmente olhamos para a frente. Não se pode ir longe se estivermos olhando para o espelho retrovisor".

Quando o historiador inglês Thomas Carlyle terminou o manuscrito de muitos milhares de páginas sobre a Revolução Francesa, deu-o a seu vizinho John Stuart Mill. Vários dias mais tarde, pálido e nervoso, Mill foi à casa de Carlyle. A criada de Mill havia usado o manuscrito para acender o fogo. Carlyle ficou em pânico por vários dias. Dois anos de trabalho perdidos; jamais conseguiria a energia para escrever outra vez. Então, certo dia, viu um pedreiro construindo um muro de tijolos, colocando tijolo após tijolo. Isso o inspirou. Decidiu recomeçar: "Vou escrever uma página hoje... e então uma página de cada vez", disse ele. Começou e lentamente prosseguiu até terminar o manuscrito, bem melhor que o primeiro.

3. *Tropelias?* Outros estão detendo você? A competição está difícil demais? Os inimigos de sua empresa conspiram contra você? A única resposta para essas situações é uma atitude mental positiva.

Um comerciante chinês tinha um pequeno negócio no meio de um quarteirão na cidade. Um dia, uma enorme empresa, uma verdadeira cadeia de lojas, iniciou a construção de um supermercado numa esquina, enquanto uma loja de departamentos começou a construir na outra esquina. Ele ficou pressionado entre dois enormes competidores. Chegou o dia quando ambas as lojas estavam prontas para serem inauguradas. As duas empresas colocaram enormes cartazes que diziam: "Grande inauguração". Que fez o homenzinho do meio? Colocou um cartaz sobre a porta da sua loja que dizia: "Entrada principal".

4. *Sucessos passados?* Estão eles detendo você? Conseguiu tantas realizações, vitórias e proezas que está cansado e decidiu aposentar-se? Você olha os troféus, as recompensas e os prêmios de ontem e dorme sobre esses lauréis? Um vendedor declarou: "Tenho regredido desde que ganhei um prêmio, o maior que minha companhia poderia conquistar. Acho que estava tentando provar alguma coisa para alguém e agora parece que nada mais me interessa".

Como é que se vence isso? Tente deixar que Deus o estimule. Leia este texto repetidamente: "Esquecendo-me das coisas que ficaram para trás e avançando para as que estão adiante, prossigo para o alvo, a fim de ganhar o prêmio do chamado celestial de Deus em Cristo Jesus".[1]

Lembre-se de que a moleza leva à enfermidade. No instante em que parar de exercitar seu corpo, os músculos perderão a força. Ou você usa ou perde suas forças interiores.

---

[1] Filipenses 3.13,14, Nova Versão Internacional.

Evite a morte que vem pela estagnação. Se deseja permanecer sobre a bicicleta da vida, tem de continuar pedalando, ou cairá.

Certo amigo que ficou gravemente ferido num acidente queria desistir. "Quando tinha readquirido dolorosamente forças suficientes para andar de muletas, fiquei cansado de lutar por causa da tortura da terapia física, até que certo dia meu médico me preveniu: 'Você perderá o que já conseguiu se não continuar melhorando'. Desde então, tenho aprendido que esse é um princípio universal de vida!"

> Não há progresso sem dor.

Automotivadores que o ajudarão a dar o passo inicial

1. *Some as recompensas de começar e os prejuízos da negligência em começar.* Some mentalmente todos os valores, o proveito e as recompensas que beneficiarão você e os outros se realizar o que tem sonhado. Então, some todas as perdas que sofrerá se não começar.

Todos a chamamos de "Vovó Finley". Ela tem 84 anos de idade. Conheci-a num cruzeiro no Pacífico. Ela atraía tanta atenção que um jornalista a entrevistou. Perguntou-lhe:

— Será este o seu último cruzeiro, senhora Finley?

— Naturalmente que não! — respondeu ela rapidamente. — Sou membro do clube universal NPN (Não Perco Nada). Esse é o nosso lema.

Rindo, acrescentou:

— De qualquer modo, sou como um barril sem fundo. Quando terminar esta viagem, venderei alguma coisa e, com o dinheiro, comprarei outra passagem.

— As pessoas idosas como a senhora não têm problemas para viajar? — perguntou o jovem jornalista de 24 anos de idade.

— É claro que sim! — respondeu a avó. — Mas as crianças também têm! Realmente não me preocupo. As pessoas ajudam muito. Quando estive na Lapônia, onde fui para comprar uma boneca para minha coleção, alguém me disse que a fronteira da Rússia ficava bem perto do local onde estávamos, de modo que corri até lá para dar uma olhada, e, quando voltei ao cais, já haviam retirado as escadas, e o navio estava saindo. Não sabia o que fazer. Mas, sem nem dar tempo para eu pensar, dois pescadores fortes suspenderam-me e me colocaram dentro do navio por uma porta lateral. Se tivessem pedido permissão para fazer isso, não lhes teriam dado!

2. Crie um sentimento de urgência. Larry Regan, enquanto era técnico do time Los Angeles Kings, explicou como conseguiram duas vitórias espantosas. "Nos momentos decisivos, os jogadores jogaram com um senso de urgência, e isso é impossível de derrotar."

Dê uma olhada no espelho... Você está envelhecendo. Provavelmente, nunca mais estará em melhores condições de saúde que hoje. Daqui a um ano, desejará ter começado hoje! O tempo foge de suas mãos? A vida passa rapidamente? Será mais fácil — ou mais barato — esperar uma semana mais, ou mês ou outro ano?

Construa em sua mente um senso de urgência e prossiga: "O inverno vai chegar"; "Tenho provas pela frente"; "Alguns parentes vêm visitar-me"; "Logo estarei velho demais para ir"; "O inspetor vai fazer uma visita"; "O chefe vai pedir um relatório"; "Terei de ir ao médico no mês que vem".

Pessoas medíocres produzem sob pressões geradas por acontecimentos, circunstâncias ou outras pessoas que lhes controlam a vida em parte ou por completo. Pessoas excepcionais produzem sob pressões urgentes que elas próprias deliberadamente criaram!

A vitória inicia-se com o começo

Primeiro assinam um contrato para cumprir determinada coisa em certo prazo; depois declaram publicamente sua intenção de produzir. Dessa forma, comprometem-se de tal modo que têm de prosseguir com o que planejaram! (Uma palavra de precaução: No começo, anuncie seus planos somente a *amigos de confiança* ou a *pensadores de possibilidades*. Evite os pensadores de impossibilidades. Proteja seu precioso plano da infecção mortal do pensamento de impossibilidade. Os bebês recém-nascidos devem ser protegidos até desenvolverem imunidade a um ambiente infectado de germes.)

3. *Faça um horário. Agora!* Faça um horário de sessões de planejamento, de reuniões para tomada de decisões e de reuniões para resolver problemas. Anote-o no seu calendário pessoal. Ao fazer isso, assegurará seu futuro. Somente terá êxito se dedicar tempo para pôr seu plano em funcionamento. Lembre-se de que certamente falhará se não dedicar tempo suficiente à sua atividade. Nada acontecerá se não decidir dar o tempo necessário ao seu plano AGORA!

Divida, agora, seu sonho em pedaços de estágios de tempo. Marque no calendário o início e o término da fase de planejamento, do período de lançamento, dos estágios de resolução de problemas e da data da celebração do sucesso! Tenha como alvo um dia especial como Natal, ano-novo ou seu próximo aniversário. Então, prometa a você mesmo um prêmio nesse dia. Pode ser um terno novo, uma viagem, um jantar especial no seu restaurante favorito. Diga a você mesmo: "Tenho em andamento algo muito grande — não devo interrompê-lo!".

> A parte mais difícil de qualquer trabalho é começar.

4. *Agora comece a colocar a base*. Lenta, sólida e sinceramente. "Tudo é possível àquele que crê", disse Jesus. Mas ele não disse que seria possível fazer tudo de uma vez só.

Certo homem que havia lido *O pensamento da possibilidade* queria estabelecer uma organização de vendas de âmbito nacional (e poderia tê-lo feito). Tomou emprestados 200 mil dólares a fim de alugar escritórios nas maiores cidades antes de construir uma base local. Uma vez que não entrava dinheiro de nenhuma das filiais, foi à falência.

Esteja disposto a construir lenta, segura e solidamente. Comece pequeno. Ao terminar o primeiro estágio, vá para o segundo. Continue crescendo.

As pessoas que visitam a igreja de Garden Grove ficam inspiradas e impressionadas com o enorme edifício localizado numa área de quase 9 hectares. Muitas vezes, tenho de explicar:
— Fizemos um plano mestre antes de começar. O que veem agora foi construído em nove operações, num período de dezessete anos.

Lembre-se: Comece pequeno. Construa solidamente. Continue crescendo. Foi assim que se construíram as pirâmides. E é assim que se chega ao topo. Ignore o princípio de construção da base, e poderá mover-se rápido demais e ir longe demais até cair de ponta-cabeça!

5. *Agora multiplique os níveis de sua motivação*. Certa vez, caí de uma escada e tive de ir para o hospital. Embora tenha recobrado completamente a saúde, perdi o hábito de andar 3 quilômetros por dia. Para começar de novo, foi incrivelmente difícil. Eu disse a mim mesmo: "Se andar, conservarei minha saúde". Mas não começava. De modo que acrescentei: "Se andar 3 quilômetros por dia, ficarei com melhor aparência, e a barriga desaparecerá!". Ainda assim, não consegui

A vitória inicia-se com o começo

me mover. Então, acrescentei: "Se andar 3 quilômetros por dia, ficarei jovem por muito tempo". Lembrei-me do meu avô que viveu noventa e seis anos. Ele dava longos passeios todos os dias. Ainda assim, não conseguia começar, de modo que acrescentei outro nível de motivação: "Se andar todos os dias e continuar a fazer isso, conservarei minha postura juvenil por toda a vida". Isso deu resultado. Esse último motivo, acrescentado aos outros, finalmente teve peso suficiente para entrar no nível profundo da conscientização no qual a ação é disparada! Fez que eu começasse. Continue a acrescentar motivos que levem a propósitos ou fins determinados.

6. *Peça ajuda!* No segundo dia do meu novo programa de caminhada, fiquei relutando em sair. Pedi a meu filho que andasse comigo e que me fizesse sair. Ele o fez! Era o incentivo de que eu precisava! Peça que alguém o ajude a começar. Peça a alguém que lhe dê um impulso.

> Use a cabeça, e seu coração o seguirá.

7. *Use a cabeça.* Não espere até que se sinta com vontade de fazer a coisa. Não sentirá vontade até que se envolva. Os escritores profissionais não ficam sentados esperando que a inspiração chegue. Eles tomam impulso e começam a escrever. Então, as ideias chegam.

É espantoso como muitas vezes a inspiração vem mediante a transpiração. Quando estou pronto para escrever um livro, sento-me à escrivaninha e pego uma folha de papel em branco. Então, escrevo o título. Esse título poderá ser mudado dezenas de vezes antes da publicação da obra, mas escolho o título. Então, escrevo "Por Robert H. Schuller". Depois, em outra folha de papel, escrevo: "Outros livros por Robert H. Schuller", e faço a lista deles. Isso me ajuda a crer que já escrevi livros de sucesso e me motiva a começar. Então, escrevo a dedicatória. Coloco essas três páginas num classificador. Estou a caminho. Agora estou realmente entusiasmado pelo projeto.

8. *Não espere para começar após ter resposta para cada problema.* Os que alcançam grandes coisas percebem oportunidades rapidamente, tomam grandes decisões instantaneamente e então agem imediatamente. Os que vão devagar alcançam pouco. No momento em que têm certeza de que podem resolver todos os problemas, a oportunidade já se foi. Algum pensador otimista apoderou-se da possibilidade destinada a eles. As oportunidades não esperam pelos que pensam devagar.

Comece agora. Resolva os problemas mais tarde. O que fará quando encontrar uma dificuldade aparentemente insolúvel? Inventará uma solução!

Fred Hostrop, um amigo meu, escreve:

> Durante anos, sofri de acromegalia, doença causada por um tumor das glândulas pituitárias.[2] Esse tumor fez que minha glândula pituitária tivesse ação excessiva, o que, por sua vez, faz que eu cresça anormalmente. Tenho 73 anos de idade e ainda estou crescendo! O tamanho do meu esqueleto é maior que o normal. Tenho uma língua tão grande que não posso falar ao telefone. Os meus dentes inferiores foram empurrados para fora, e não posso morder direito. Tenho de comer lenta e cuidadosamente para não morder a língua! Sinto dores severas nas costas e fortes

---

[2] Mesmo que hipófise: glândula endócrina, de funções múltiplas, localizada na parte inferior do cérebro. Entre outras coisas, regula a atividade de outras glândulas, como a tireoide e a suprarrenal. [N. do R.]

dores de cabeça durante várias horas do dia e da noite. Não consigo pegar nada no chão (não posso me curvar). Por ter equilíbrio deficiente, não posso ficar de pé, parado, nem andar bem sem duas bengalas. Não posso andar mais de 60 metros sem cair. Embora tenha vista excelente, não consigo manter meus olhos abertos o tempo suficiente para dirigir com segurança por mais de 3 quilômetros.

Rev. Schuller, a descrição anterior de como a acromegalia tem me afetado pode parecer pensamento negativo. Mas em vez de dizer: "Não posso fazer isso", pensando positivamente pergunto a mim mesmo: "Que posso fazer acerca do meu estado?".

Já fiz muitas coisas. Eis alguns exemplos: moramos num lote grande de esquina. A única maneira prática de aguar a grama entre a calçada e o meio-fio é fazê-lo à mão. Leva cerca de uma hora. Eu temia esse trabalho porque os músculos de minhas costas não são fortes o suficiente para sustentar meu esqueleto pesado. Veja as fotos que anexei a esta correspondência. Nelas o senhor me verá sentado em meu "veículo de água". Ele tem quatro recipientes de água presos na parte de baixo. Isso me dá condições de avançar comodamente para trás. Devo essa conquista ao pensar positivamente!

Embora não mais possa jogar golfe no campo, ainda o faço no quintal de casa. Aqui vão algumas fotos de outro invento do pensador positivo Hostrop, que apanha a bola e a coloca no *tee* (montinho de terra onde se coloca a bola para ser lançada) — viva! Uso-o também para catar o lixo do quintal todos os dias.

Sempre há um caminho quando se tenta com afinco

Temos várias nogueiras no terreno de nossa igreja. Os corvos da Califórnia adoram nozes. Como é que o corvo quebra a noz para comer a semente? Imagine que você fosse um corvo. Como é que faria? Os corvos descobriram um jeito: pegam a noz pelo bico, voam bem alto por cima do estacionamento da igreja e deixam que ela caia na superfície dura! Ao tocar no chão, o impacto faz que a noz se parta, e as inteligentes aves descem para comê-la! Se o cérebro de um corvo pode encontrar solução para os problemas que enfrenta, é certo que você poderá resolver os seus.

9. Entregue-se aos impulsos positivos à medida que surgem. Tão fortemente quanto você deve resistir a impulsos negativos, da mesma maneira deve agir forte e prontamente às ideias positivas. Seja positivamente impulsivo.

Alguns anos atrás, eu pretendia participar da Conferência Mundial dos Psiquiatras, em Madri. Estive estudando a história espanhola e estava curioso a respeito de vários acontecimentos recentes. "Se eu apenas pudesse falar a sós com Francisco Franco a respeito de três coisas", pensei.

Foi uma grande ideia, mas parecia irrealista; entretanto, decidi praticar o que pregava e *tentar*. Cedi a esse impulso positivo, peguei o telefone, chamei o escritório do meu representante no Congresso e pedi ajuda. Esse simples telefonema fez que eu e vários outros nos envolvêssemos em um grande projeto — como uma bola de neve que desce pelas encostas da montanha e ainda não parou.

— É impossível, Schuller — respondeu meu representante, por carta. — Meus auxiliares informaram-me que Franco jamais foi entrevistado por um ministro protestante. Se você se apresentasse como um autor secular, talvez conseguisse alguma coisa.

— Não posso ser desonesto — respondi. — Por favor, tente outra maneira.

Parti para Amsterdã e não tive mais notícias até chegar a Paris, onde encontrei um telegrama à minha espera. A mensagem era breve e direta: "General Francisco Franco

A vitória inicia-se com o começo

o receberá no dia 22 de agosto, às 12 horas. La Corona, Espanha". Terminava com duas lindas palavras: "Boa sorte". Um simples telefonema tinha começado o projeto que então continuou a rolar pelo próprio impulso que gerou energia e poder para realização.
Alguém certa vez me disse:
— A vida é curta demais para fazer o que desejamos.
— Não, não é — respondi. — Não se você começar em tempo!

- *Acorde!* Volte à vida! Jogue fora os cordões da preguiça! Quebre as cadeias da letargia! Veja o que a Bíblia diz: "Chegou a hora de vocês despertarem do sono",[3] "Eis, *agora*, o tempo sobremodo oportuno, eis, *agora*, o dia da salvação"[4] e "Este é o dia".[5]
- *Decida* agir AGORA! Fuja da prisão da inércia! FAÇA-O AGORA! Faça alguma coisa AGORA: dê um telefonema, escreva uma carta, faça algo! Mova-se! Aja! Comece! AGORA!
- *Lance fora* os pensamentos negativos. Tire todos os pensamentos de impossibilidade de sua mente! Jogue-os fora: "Sejam homens de coragem, sejam fortes", diz Paulo.[6]
- *Quebre* os obstáculos. Desfaça as barreiras. Você pode fazer uma porta na muralha da China. Como? Retire uma pedra de cada vez. Quebre seus maiores problemas em pedaços menores, com os quais possa trabalhar.
- *Assuma* a realização digna que é seu destino! Sairá com honras. As pessoas o respeitarão e o admirarão. Deus o abençoará.

[3] Romanos 13.11, Nova Versão Internacional.
[4] 2Coríntios 6.2, Almeida Revista e Atualizada.
[5] Salmos 118.24, Nova Versão Internacional.
[6] 1Coríntios 16.13, Nova Versão Internacional.

VOCÊ PODE SER QUEM DESEJA

Quão feliz será! Você se tornará a pessoa que sempre quis ser. Comece a agir como um pensador de possibilidades — AGORA!

Se o seu maior problema for começar, você pode eliminá--lo! Neste instante!

CAPÍTULO 8

Entusiasmo: poder que o colocará em órbita

Entusiasmo é a força propulsora que transformará sua decolagem lenta em uma subida firme e constante. Com sua força de jato controlada, você vai pôr seu sonho em órbita! Essa força é capaz de transformar os negativistas em pessoas positivas. Ela tem o poder de fazer que os que começam as obras também as terminem. O entusiasmo transforma perdedores em campeões.

A fórmula matemática para as grandes realizações é bastante simples. Comece com um sonho. *Divida* os problemas e resolva um por um. *Multiplique* as possibilidades excitantes de sua mente. *Subtraia* todos os pensamentos negativos a fim de começar. Some entusiasmo. A resposta será a realização de sua meta.

Entusiasmo: o ingrediente para a vitória

Os sonhadores que começam uma ação sem entusiasmo perdem rapidamente seu vigor e terminam em desânimo decepcionante, resmungando na plataforma de lançamento da vida.

Uma faca cega, que não mais corta; uma janela emperrada, que impede a entrada da luz; uma corda solta do violão, que já não toca mais; um motor lento que arfa e se afoga ladeira acima. Essa é a imagem do sonhador que tenta fixar metas, tomar decisões, confrontar problemas, mas que tem falta de entusiasmo. É urgente que essa pessoa tome uma injeção do poder inspirador chamado entusiasmo. A faca é afiada de novo, e seu corte torna-se tão perfeito que ela é capaz de desembaraçar os obstáculos de densas florestas; a janela, de novo, rebrilha, deixando entrar uma vista nova, grande e inspiradora; a corda é de novo afinada, transformando a batida surda e monótona em melodia vibrante. O motor que falhava começa a funcionar a todo vapor, deixa para trás o atoleiro e entra na rodovia pavimentada.

O entusiasmo faz das pessoas decepcionadas e que têm tendências derrotistas verdadeiros dínamos de carga emocional positiva. Nada pode detê-las!

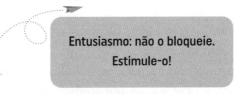

Entusiasmo: não o bloqueie. Estimule-o!

Por que, indagam alguns, a pessoa deliberadamente bloqueia o fluxo de um poder impressionante e capaz de produzir êxito como o entusiasmo? Talvez o motivo primário para comportamento tão irracional seja o temor de uma derrota desapontadora.

Durante a Guerra do Vietnã, um empreendedor texano, Ross Perot, carregou um avião de presentes e partiu para o Vietnã a fim de oferecê-los aos prisioneiros de guerra norte-americanos. Sua viagem ao redor do mundo foi amplamente dramatizada, e ele recebeu imensa publicidade, mas não teve sucesso. O governo norte-vietnamita fechara-lhe todas as portas.

Ao voltar aos Estados Unidos, um jornalista perguntou a Perot: "Qual é sua reação a tão desapontadora derrota?".

Perot retorquiu imediatamente: "Não estou derrotado. Na igreja, na escola, em casa e na organização dos escoteiros, ensinaram-me a tentar". Concluiu a entrevista, dizendo: "Não falhei em tentar".

Se o temor de esperanças malogradas restringe seu entusiasmo, pode ter certeza de que jamais experimentará a alegria de vencer. Esteja certo de que perderá se jamais tentar ganhar. Se nunca permitir a você mesmo sonhar, suas esperanças jamais serão destruídas — elas simplesmente nunca nascerão. Mas, pelo contrário, se permitir que o entusiasmo construa esperanças que podem ser esmagadas, você aprenderá muito; tente novamente e, no final, terá êxito muito além do que esperava se tivesse mantido trancado seu entusiasmo jovial!

O entusiasmo liberado tem poder imensurável para produzir êxito. Por isso, não há perigo em soltá-lo! São avassaladoras as probabilidades de que as esperanças não serão impedidas, mas realizadas!

Desculpas que bloqueiam o entusiasmo

Dignidade pedante e fora de moda é outra razão falsa pela qual as pessoas bloqueiam o entusiasmo. Os dignitários do pensar negativo podem dizer: "É ridículo"; "É dramático demais"; "É impróprio".

Não permita que essas desculpas bloqueadoras do entusiasmo o dignifiquem tanto que você se torne monótono. Você pode ser muito educado, mas não muito progressista! Um banqueiro entusiasta? Sim. Walter Braunschweiger liberou o entusiasmo, ajudando, assim, a transformar o Banco da América em uma das empresas financeiras mais poderosas do mundo.

"O pensar possibilidades gera entusiasmo, e ninguém jamais calculou o dinamismo desse poder espiritual", disse-me Walter ao desenrolar a história espantosa desse banco do qual era vice-presidente.

A. P. Giannini havia fundado um banco de bastante êxito no estado da Califórnia com o nome de Banco da Itália.

VOCÊ PODE SER QUEM DESEJA

Alguns de nós pensamos que um banco denominado Banco da América teria maior aceitação entre os habitantes do Meio-Oeste que se haviam estabelecido na Califórnia. Solicitamos permissão para fundar o banco. Voltei para San Francisco com o contrato nas mãos e estava confiante de que o negócio daria certo. E deu! Negociamos. Fundimos as instituições, e acabei tornando-me um executivo.

Certo domingo, por volta do meio-dia, durante a Segunda Guerra Mundial, recebi um telefonema do sr. Giannini:

— Walter, sabemos que quando a guerra terminar este estado terá um surto de progresso muito rápido. Temos de aprontar-nos agora para a expansão! Devemos pedir 50 milhões de dólares emprestados imediatamente! — Sua voz, ao comunicar tal decisão, transmitia urgência enorme.

Prosseguiu ele:

— Walter, só há um lugar onde podemos conseguir esse dinheiro: nas grandes empresas financeiras de Nova York. Agora, Walter — ele fez uma pausa antes de soltar a bomba —, haverá uma reunião amanhã às 13 horas em Nova York. Você vai lá, faz-lhes um discurso e consegue o interesse deles por essa oportunidade de investir.

Eu fiquei sem fala. Eu sabia que coisas desse tipo geralmente requeriam semanas de preparo, talvez meses de pesquisa e documentação, para não mencionar o condicionamento cuidadoso da mente das pessoas que tomariam a decisão.

Eu sabia que não podia dizer a palavra impossível ao chefe. Mas disse:

— Desculpe-me, senhor, como é que chego a Nova York até as 13 horas? — Eu sabia que por causa da guerra era preciso fazer reserva de passagens de avião com bastante antecedência. Além disso, nesse tempo não existiam aviões a jato, e esse voo duraria quase doze horas.

Entusiasmo: poder que o colocará em órbita

— Está tudo arranjado, Walter. Falei com o presidente da companhia de aviação. Eles têm um lugar para você no voo noturno que sai de San Diego. Você estará em Nova York de manhã bem cedo. Você pode tirar esta tarde para juntar os fatos essenciais para uma apresentação formal. Pode fazer os esboços no avião. Prepare a apresentação dos detalhes com muito cuidado! Lembre-se de que cada fato deve ser dado com detalhes precisos, ou você estará violando a lei afirmando coisas erradas para a venda de ações.

Saí correndo para juntar os dados: nossos passivos e ativos, estatísticas de crescimento etc. Também consegui pegar o avião.

Na escuridão da madrugada de segunda-feira, o avião de repente desceu para um pouso não programado em uma cidade do Sudeste. O que aconteceu a seguir foi um pesadelo! Fui tirado do avião para dar lugar a um general do Exército! Vi os sonhos da companhia desaparecerem à medida que o avião levantava voo e me deixava só, num aeroporto vazio. Em desespero, telefonei para o patrão.

— Não se preocupe, Walter — disse ele —, darei um jeito. E deu. Alugou um avião. Quatro horas mais tarde, eu estava voando novamente. Mas chegaria a tempo para a reunião? Era quase meio-dia quando desci do avião no Aeroporto La Guardia, em Nova York. Peguei um táxi e febrilmente ensaiei as confusões dessa apresentação. Quando o táxi parou em Manhattan, veio-me à mente o horrível fato de estar com o mesmo terno que havia vestido no dia anterior e com o qual dormira a noite toda. A barba começava a aparecer. Mas eu não tinha tempo.

Entrei correndo, peguei um elevador e cheguei ao corredor fora da sala de reuniões com alguns segundos de sobra. Procurei minha apresentação escrita. Tinha desaparecido! Na pressa, deixara-a no táxi.

153

VOCÊ PODE SER QUEM DESEJA

"Sr. Braunschweiger?", ouvi me chamarem. Que poderia fazer? Uma afirmação financeira falsa, e iríamos para a cadeia, pensei. Orei silenciosamente, e veio-me a inspiração: Simplesmente mostre entusiasmo. Mas será que banqueiros conservadores, não emotivos e calculistas, reagiriam positivamente ao entusiasmo? "Quantos dos cavalheiros já estiveram na Califórnia?", comecei. O rosto congelado, vestidos de terno escuro, sérios, os homens permaneceram unanimemente vazios de expressão. Continuei: "Cavalheiros, é um estado lindo, construído sobre brisas embalsamadas e ensolaradas do oceano! Quilômetros de laranjais com suas folhas verde-cera inundam o ar com o agradável perfume nos meses invernais. O suave brilho do sol cai quente sobre a pele, transformando rostos sem vida em sorrisos calorosos e bronzeados. No mês de janeiro, turistas de Iowa, Illinois e Minnesota vão para lá a fim de se aquecerem ao sol desse estado verde e florido e com eles trazem dinheiro. Finalmente, quando a primavera derrete o gelo de Chicago, vão-se embora, deixando milhões de dólares, que jamais voltam para o Leste, mas ficam lá ao brilho do sol, formando uma piscina de dinheiro que cresce, aumenta e explode, tão vasta e tão desenvolvida como um oceano de petróleo subterrâneo!".

A essa altura, meu entusiasmo me havia contagiado! Não fiz uma *única* afirmativa precisa. Concluí: "Agora, senhores, quando a guerra terminar, e será em breve, os militares que estão na Califórnia voltarão para viver aqui. O estado terá um grande surto de progresso, e o Banco da América terá suas filiais em todas as comunidades novas e progressistas! Estaremos preparados para juntar todo esse dinheiro! E estou dando a vocês a primeira oportunidade de fazer investimento no que certamente será um dos maiores bancos do mundo".

Entusiasmo: poder que o colocará em órbita

Seu relatório havia terminado. O que aconteceu em seguida é de conhecimento público. Esse grupo de financistas cautelosos comprou todas as ações, até o último dólar! O entusiasmo realizou uma venda de 50 milhões de dólares! Naquele instante, o Banco da América teve seu futuro assegurado!

> Entusiasmo: não o desative; aproveite-o!

"Recuso-me a ouvir mais para que não acabe gostando", foi o comentário brusco de Rimsky-Korsakov ao sair da estreia da ópera *Pelléas et Mélisande*, de Debussy.

— Por que resistir ao entusiasmo?

— Se não o fizer, posso ser levado por ele e precisar fazer mudanças — diz a si mesmo o prisioneiro da tradição.

O homem tem tendência natural para a rotina. Encontramos nosso cantinho e aí nos aninhamos. A inclinação a resistir ao progresso e às mudanças e a oposição a idelas novas explicam por que a pessoa vê o entusiasmo como um perigo. É por isso que os pensadores de impossibilidades resistem a ele; é uma bomba que precisa ser desativada.

Pessoas com grande potencial positivo transformam-se em gente inútil quando direcionam sua atenção para generalizações impensadas, avassaladoras e negativas, como: "Isso nunca foi feito desta maneira"; "Não é norma da empresa"; "Não faz parte de nossa tradição".

Por outro lado, os pensadores de possibilidades responsáveis não são contrários à tradição. Pressupõem instintivamente que, se alguma coisa entrou para o âmbito da tradição, certamente é por ter seu valor. A última coisa que o pensador de possibilidades faz é descartar a tradição. Com toda a razão, com todo o respeito e com toda a humildade, teme destruir, sem intenção, um ingrediente vital de êxito no componente de uma fórmula que o tempo e a experiência demonstraram ser altamente satisfatória.

O empresário que passa o dia procurando tradições para destruir é, sem dúvida, um reacionário irresponsável e negativo que procura, como um neurótico, chamar a atenção para si mesmo, num esforço desesperado de alimentar seu fraco ego.

Então, como se explica que um pensador de possibilidades maduro anime-se a usar o entusiasmo que ameaça afetar uma tradição sólida e evidente? Porque tem plena confiança de que deve haver algum modo de se adaptar ao progresso e reter, ao mesmo tempo, os elementos clássicos da tradição forjada no crisol da experiência.

Sua atitude é a de uma pessoa ciente de que trabalhou bem, mas deseja melhorar sempre. Ele nunca *desativa* o entusiasmo, mas *usa* seu poder criativo como uma força motivadora que conduzirá tanto ele quanto seus associados ao progresso e à excelência.

"Fizemos bem, mas podemos fazer melhor", diz a si mesmo. Com essa atitude positiva, infunde entusiasmo que assegura uma constante renovação que, do contrário, terminaria em uma tradição em declínio e em decadência gradativa. As tradições que não são renovadas constantemente por um desejo entusiasta de superação, de estar em dia, de expansão e melhoramentos estão condenadas à extinção.

Não deixe que nada — incluindo críticas e reclamações — destrua seu entusiasmo. Tome a atitude positiva do gerente de empresa que disse: "A seção de reclamações é nosso departamento de controle de qualidade".

O entusiasmo opera maravilhas na educação!

"Um dos obstáculos profissionais que afligem muitos de nossos educadores é uma reação impulsiva e negativa ao entusiasmo." O orador era um famoso professor que prefere permanecer anônimo. Prosseguiu: "Tachamos todo entusiasmo de nada mais que uma emoção indigna de confiança. Isso nos estorva porque permitimos que os excessos de entusiasmo não nos deixem ver os sucessos do entusiasmo. De modo que apontamos os perigos do 'sloganismo' e falhamos em reconhecer as possibilidades positivas dos *slogans* que produzem entusiasmo. Achamos que a emoção é *ipso facto* anti-intelectual. O resultado? Fazemos todo o esforço inconsciente para anular a emoção das crianças. Então, reclamamos por terem falta de motivação e não se esforçarem!".

A sra. Walthers é uma das mais inspiradoras professoras do município de Orange, na Califórnia. Seus alunos geralmente são aprovados com notas excelentes e se divertem muito com os estudos.

— Qual é o seu segredo? — perguntei-lhe certo domingo logo depois de terminado o culto.

Ela sorriu.

— Bem, trata-se de uma ligeira revisão do método tradicional. Começo a primeira semana do ano letivo tentando conseguir de meus alunos uma atitude entusiasta de pensadores de possibilidades. Bem sei que muitos desses alunos nunca se destacaram academicamente. Têm uma imagem negativa de si mesmos tão fixa quanto uma rocha. Minha primeira lição sobre o pensamento positivo, como gotas de chuva fora de tempo, resvala por sua epiderme como a água resvala das penas do pato. Riem por dentro e, às vezes, fazem gestos depreciativos. Na segunda, terceira ou quarta aula, que incluem *slogans* bem escolhidos, começam a produzir frutos. No quinto dia, dou-lhes o primeiro exame. Isso os abranda, e posso começar a plantar a semente.

— Qual é o teste? — perguntei-lhe.

VOCÊ PODE SER QUEM DESEJA

— Bem, primeiro informo-lhes de que se trata de uma prova escrita. Além disso, digo-lhes que vale nota. E essa nota será a primeira de seu curso. Ela entrará na média das notas finais. Peço que levem o teste para casa e que o devolvam na segunda-feira seguinte.

Então, ela entregou-me uma cópia da prova, a qual transcrevo a seguir:

Seis passos práticos que transformam o desejo em notas excelentes

"Se os desejos fossem cavalos, os mendigos seriam cavaleiros." A seguir, estão os seis passos que você deve seguir; mas primeiro você deve sentar e FAZER o seguinte:

1. Determine mentalmente que nota você deseja. Não é suficiente dizer: "Quero boas notas".
2. Determine o que vai *dar* em troca das notas excelentes. Nunca se consegue nada por nada. Escreva o que está disposto a dar.
3. Estabeleça um tempo definido em que as notas excelentes devem aparecer: no próximo teste, na prova da unidade, relatório etc.
4. Escreva um plano para executar seu desejo e comece *imediatamente*. Ponha seu plano em ação imediatamente, quer você esteja pronto, quer não. Comece AGORA.
5. Escreva uma afirmativa da nota que deseja e o limite de tempo em que a adquirirá; diga o que está disposto a dar em troca das notas excelentes e descreva claramente o plano que vai usar para adquirir essas notas.
6. Leia sua afirmativa escrita em voz alta duas vezes por dia: antes de ir para a cama e logo depois de se levantar. Concentre-se enquanto lê e creia já possuir tal nota.

Entusiasmo: poder que o colocará em órbita

Faça esse teste você mesmo! Aplique esses princípios aos sonhos e metas que estabeleceu.

O entusiasmo libera poderes ocultos

Nada milita mais fortemente contra o entusiasmo do que o pensar impossibilidades. Algumas das pessoas mais importantes de nossos dias são professores do pensar possibilidades; mestres também da arte de gerar entusiasmo.

Alguns anos atrás, Jerome Bruner, em seu livro *O processo da educação*, desafiou a classe com a espantosa hipótese: "Qualquer assunto pode ser ensinado com eficiência, de alguma forma intelectualmente honesta, a qualquer criança, em qualquer fase de desenvolvimento". Progresso recente feito por professores entusiastas, pensadores de possibilidades, que trabalham com surdos, cegos e pessoas fisicamente incapacitadas, prova que ele estava certo.

Embora a ideia pareça incongruente, muitas crianças e adultos surdos aprendem a gostar de música. É possível ensinar-lhes ritmo, intensidade e volume.

As crianças surdas podem aprender a reconhecer vibrações de sons em diferentes partes do corpo: tons graves no estômago e pernas, tons médios na cavidade torácica e tons agudos nos seios frontais. Nas décadas de 1950 a 1970, Georg von Békésy, pesquisador das manifestações psicossomáticas laureado com o Prêmio Nobel, tem levado a cabo experiências de percepção com o diapasão aplicado à pele, deixando o ouvido inteiramente de lado, produzindo um sentido equivalente ao da audição.

Alimente seu entusiasmo. Você precisa dele

O que é entusiasmo? Como se explica esse poder que derruba montanhas? Como se pode obtê-lo? A palavra vem de duas palavras gregas "*n*" e "*Theos*". Traduzidas literalmente, significam "em Deus". Encha sua vida com o Espírito de Deus, e todos os tipos de poderes aparecem. Como disse um antigo profeta hebreu: "O zelo do Senhor o efetuará".

Alimente sua vida com uma fé feliz e positiva e se encontrará:

1. descobrindo grandes oportunidades;
2. descobrindo magníficas soluções;
3. vencendo obstáculos impossíveis;
4. percebendo surpresas que Deus tem para você;
5. afastando as nuvens escuras para que a luz do sol possa brilhar.

Isso é entusiasmo. Como se pode obtê-lo? Como alimentá-lo? Enchendo sua mente com uma atitude mental positiva!

Agora descubra como alimentar seu entusiasmo mediante uma atitude mental positiva.

CAPÍTULO 9

Mantenha a carga com uma atitude mental positiva

Entusiasmo que nunca desvanece. É possível? Sim, se você mantiver uma atitude mental positiva.

Isso é realista? Sei que é. Anos atrás, um sábio salmista escreveu que uma pessoa feliz "É como árvore plantada à beira de águas correntes: Dá fruto no tempo certo e suas folhas não murcham. Tudo o que ele faz prospera!".[1]

Desapontamentos? Tais pessoas não conhecem tal palavra. Falam de "apontamentos revistos". Reveses? Não compreendem o significado desse termo. Falam de "reagrupamento". Depressão? É para elas simplesmente o arfar do motor de seu entusiasmo, lembrando-lhes que seu tanque inspirativo está com o nível de combustível baixo. Rapidamente se reabastecem com atitudes mentais positivas e seguem em frente!

Lembre-se: Os cínicos pensadores negativistas rapidamente rotulam tais pessoas de exibidas e prepotentes. Muita gente tem uma inclinação enorme de suspeitar da autenticidade do que parece ser uma reivindicação espantosa, até que a experimentem pessoalmente.

Se mantiver seu entusiasmo cheio de pensamentos positivos, ficará surpreso com a transformação de sua personalidade. Você será como a árvore plantada junto a ribeiros de águas cujas folhas jamais murcham.

---

[1] Salmos 1.3, Nova Versão Internacional.

Lição de vida importante

Conta-se a história de um velho e um garoto que desciam de canoa um rio que passava por uma floresta escura numa terra estranha. O velho sábio tirou uma folha das águas e a examinou cuidadosamente. Voltando-se para o menino, perguntou:

— Filho, o que você sabe sobre estas árvores?
— Nada, senhor. Ainda não estudei isso — respondeu o garoto.
— Bem, filho, você perdeu 25% de sua vida — disse o velho jogando a folha de volta à água.

Chegaram perto da margem, e o velho, abaixando-se, apanhou uma pedra reluzente. Girou-a até que brilhou à luz do sol.

— Filho, olhe para esta pedra. O que você sabe sobre a terra?
— Sinto muito, senhor, ainda não estudei isso — respondeu o menino.

O velho jogou a pedra de volta ao rio e disse:

— Filho, você perdeu outros 25% da vida por não conhecer o solo. Agora faltam-lhe 50%.

Continuaram a viagem, e o crepúsculo caiu. Apareceu a primeira estrela no céu. O velho olhou para o alto e disse:

— Filho, olhe aquela estrela. Você sabe o nome dela? O que você conhece sobre os céus?
— Sinto muito, senhor; ainda não estudamos isso também — respondeu o menino tristemente.

Tornou o velho:

— Filho, você não conhece as árvores, não conhece o solo, não conhece o céu; perdeu 75% de sua vida.

De repente, ouviram o atroar de águas em correntezas pela frente. A canoa foi apanhada numa corrente rápida que os lançou no meio de fortes corredeiras. O menino gritou:

— É uma cachoeira, salte! O senhor sabe nadar?
— Ainda não estudei isso — respondeu o velho.
— Então, perdeu a vida toda — retorquiu o menino apressadamente.

Saber nadar é de extrema importância para quem está se afogando. Assim também, é urgente que você desenvolva uma atitude mental positiva. Ela lhe dará sucesso. Sem ela, seu entusiasmo jamais sobreviverá.

Nove princípios para construir e conservar a atitude mental positiva

Por anos, tenho observado, estudado e analisado pessoas que mantêm uma atitude mental positiva e contínua. Há princípios universais operando em sua mentalidade e que as fazem pensar positivamente. Você pode fazer uso desses princípios.

1. *Diga alguma coisa positiva a toda pessoa que encontrar, não importa qual seja a situação real.* Irrealista? Sim, se você for um pensador de impossibilidades, mas bem realista se for um pensador de possibilidades! A pessoa entusiasta geralmente traz consigo uma boa nova, uma saudação calorosa, um caso engraçado, um relato que eleva, uma predição otimista! É uma alegria encontrá-la. Ela é uma boa-nova!

Durante uma travessia do oceano Pacífico, anunciaram que às 16 horas de certo dia passaríamos por uns recifes perigosos perto da ilha Thursday, e que no lugar mais crítico o navio de 12 metros de largura teria de manobrar por uma passagem estreita, de somente 21 metros. Às 15h30, todos os passageiros foram para o convés, enquanto um piloto australiano especialmente contratado para dirigir o navio nessa parte da viagem tomava o leme. Ao nos aproximarmos das boias, alguém disse: "O casco do navio está 8,70 metros abaixo d'água, e a profundidade aqui é de apenas 9,30 metros".

Essas palavras causaram péssimo efeito nos passageiros. Minutos antes, comentavam sobre as lindas cores e matizes dos corais. Agora estavam tensos e nervosos. Ninguém dizia nada.

Um pensador positivo comentou:

— Ora, ainda temos 60 centímetros de sobra! Nossa velocidade é de 27 quilômetros por hora. Além disso, o fundo não se move. Não nos preocupamos quando dirigimos um carro a 80 quilômetros por hora e vamos de encontro a outro veículo que corre com a mesma velocidade em direção oposta. E muitas vezes passamos um pelo outro a menos de 60 centímetros de distância.

De repente, todos os passageiros riram e se maravilharam entusiasticamente quando nosso navio passou, habilmente dirigido, pela estreita abertura diretamente abaixo de nós!

Lois Wendel tem sido minha secretária por catorze anos. Doze anos atrás, recebi um telefonema dela.

Sua voz parecia bastante perturbada.

— Bob — sua voz falhou antes de soltar a bomba —, acabo de descobrir que tenho câncer. É do tipo mais agressivo — disse ela.

Corri à sua casa. Ao estacionar o carro, pensei: "O que, em nome de Deus, posso dizer-lhe?". Esperava e orava para que Deus me desse as palavras certas. Anos mais tarde, ela lembrou-me o que eu havia dito:

— Bob, você orou, e sua oração positiva transformou completamente meu pensamento de medo em paz mental. Você ofereceu uma oração de ações de graças, nos seguintes termos:

Mantenha a carga com uma atitude mental positiva

> **Você é um pensador de possibilidades.**

Ó Deus, somos muito gratos a ti. Agradecemos por termos descoberto essa doença em estágio inicial. Recebe nossa gratidão por vivermos num país onde existem os melhores recursos médicos; por vivermos numa época em que grandes progressos são feitos no tratamento do câncer. Damos a ti graças por Lois estar cercada por um grande número de amigos que a podem encorajar: seu esposo — obrigado por ele, Senhor —, amigos cristãos, parentes, vizinhos. Obrigado, Deus, por todos eles! Acima de tudo, Senhor, agradecemos a ti por Lois ter o dom de uma fé vibrante. Ela não sabe o que o futuro lhe reserva, mas sabe quem controla o futuro! Amém.

É possível encontrar alguma coisa positiva para dizer a cada pessoa que encontramos, independentemente da situação em que ela se encontre. Escolhi, deliberadamente, um exemplo extremo para provar que creio nessa verdade com todo o meu coração

Os resultados desse princípio, quando aplicado regularmente, são maravilhosos. É incrivelmente fácil. Transforma-se rapidamente em hábito feliz. Principalmente se o relacionarmos com o princípio número dois.

2. *Veja algo positivo todo dia, em toda situação.* Procure o bem, e é certo que o encontrará!

Um jovem ministro de uma igrejinha do Oeste ainda duvidava do poder do pensar possibilidades, mesmo tendo assistido a uma série de estudos na igreja de Garden Grove. Suas ideias quanto à formação de uma igreja estavam enterradas sob uma montanha de problemas, o maior dos quais era um mimeógrafo estragado! O orçamento apertado da igreja não comportava uma secretária, e o mimeógrafo havia muito que precisava de aposentadoria. Certa tarde, o jovem ministro lutava para imprimir os boletins da igreja, sujou-se todo de tinta e gastou mais papel do que devia. Então, lembrou-se de algo que ouvira no Instituto: *todo problema é uma oportunidade.*

Eis a história.

"Nunca havia acreditado de verdade no pensar possibilidades. Ainda tinha minhas dúvidas. Eu sabia que para Schuller tinha funcionado, mas não poderia funcionar para mim. Ou poderia? Lembro-me de ter ouvido uma preleção intitulada 'Pode funcionar. Tente-o!'. Decidi tentar! Segui o princípio 'Use seu problema para vender uma boa ideia'. Assim, decidi não lavar a roupa suja de tinta e usá-la à noite quando a diretoria da igreja estivesse reunida."

Várias horas mais tarde, lá estava ele, à frente de sua diretoria, dizendo: "Certamente vocês estão querendo saber por que estou usando estas roupas sujas na reunião. Por favor, sigam-me até o escritório e mostrarei a vocês o culpado, um mimeógrafo velho e estragado. Cavalheiros, não somente manchei as roupas, mas também gastei 600 folhas de papel para imprimir somente 50! O problema do mimeógrafo está ficando pior a cada dia, e, para complicar as coisas, o preço dos mimeógrafos sobe com frequência".

A diretoria era composta primariamente de homens de negócios, que perceberam que iria custar-lhes mais se esperassem mais tempo. Um ancião colocou a mão no bolso e tirou a carteira, dizendo: "Reverendo, eis 20 dólares". Outro membro disse: "Vou dar a mesma quantia". Antes do fim da reunião, o jovem ministro havia conseguido 300 dólares, quantia suficiente para comprar um mimeógrafo novo. Estava possuído de alegria e não podia acreditar no que havia acontecido. Então, pensou: "Pensar possibilidades realmente funciona! Talvez as pessoas se unissem à minha igreja se as convidasse". Começou a fazer visitas de casa em casa, algo que nunca fizera em toda a sua vida. Vendeu sua ideia entusiástica e exuberantemente; as pessoas começaram a unir-se à sua igreja! O entusiasmo se espalhou. Pelo fim daquele ano, 60 novos membros foram acrescentados à igreja.

"Nesse ritmo, teremos 600 membros em dez anos, 1.200 em vinte e 2.000 em trinta", raciocinou ele. "Ora, é impossível acomodar todos em nossa pequena propriedade."

A ideia foi discutida com a diretoria. Doze meses mais tarde, foi comprado, com o apoio leal dos membros da igreja, um terreno de 8 hectares para construir uma igreja nova e maior.

3. *Pense sempre que pode funcionar.* Ao ver alguma coisa positiva numa situação, faça o que o jovem ministro fez: pense que pode funcionar. Isso alimenta a mente com pensamentos positivos que geram entusiasmo.

Certa francesa pensadora de possibilidades vivia em uma casa pequena no território de Bayou, Louisiana. Ela amava sua casa, mas estava cercada por vizinhas pensadoras negativas que resmungavam e reclamavam de "viver neste fim de mundo, deserto e solitário".

Certo dia, a pensadora de possibilidades sentiu que havia escutado o suficiente. Repreendeu as colonizadoras francesas desagradáveis e reclamadoras, dizendo: "Vocês vivem no Bayou. O Bayou liga-se ao riacho, e o riacho liga-se ao rio. O rio corre para o golfo. O golfo liga-se ao oceano. E o oceano toca as praias dos países do mundo. Vocês podem ir a qualquer lugar de onde estão".

Saber que do local onde estamos podemos ir a qualquer lugar faz que comecemos a crer na possibilidade de ter sucesso. Então, seguimos em frente e ativamos o próximo princípio.

4. Nomeie-se mesmo presidente de seu próprio "Clube Por que não?". Ed, um jovem advogado bem-sucedido de Los Angeles, formado pela Faculdade de Direito da Universidade Harvard, está casado com Vicky, formosa aeromoça. Tanto ele como sua esposa começaram a indagar: "O que podemos fazer como cristãos para ajudar os outros?".

Ao se aproximar o Dia de Ação de Graças, lembraram-se de que havia centenas de anciãos abandonados ao desamparo, vivendo em pequenos apartamentos ou em casas de pensão.

Decidiram oferecer um almoço a essa gente solitária e esquecida. Ed foi a um hotel da cidade e perguntou ao gerente se um dos grandes salões de convenção estava disponível para servir um almoço no Dia de Ação de Graças aos idosos. A resposta foi brusca e negativa. Ed olhou para o gerente e perguntou:

— *Por que não?*

O gerente fez uma pausa e afirmou:

— Bom, está bem.

Então, Ed visitou algumas das empresas que ele assistia como advogado. Sabia que dispunham de fundos para caridade e pediu-lhes que colaborassem com sua ideia. O resultado:

— Nossa política é contrária a tais doações. Não dispomos de nada no presente momento. Sentimos muito, Ed.

Novamente Ed perguntou:

— *Por que não?*

Mantenha a carga com uma atitude mental positiva

Uma vez mais, teve êxito. Obteve o dinheiro necessário. Sua esposa planejou o cardápio, comprou os perus, os vegetais, a sobremesa e providenciou o necessário para que a comida fosse entregue quente no hotel.

Quando Ed e Vicky se assentaram ansiosamente no hotel às 11h30 da manhã, assaltou-lhes um pensamento. E se nenhuma de todas as pessoas aceitasse o convite? Haviam enviado folhetos a muitos hotéis pequenos e pensões com o seguinte convite: "Bem-vindos ao almoço do Dia de Ação de Graças!".

Até o momento, não tinham recebido nenhuma resposta direta e não sabiam quantas pessoas viriam; poderia ser mil ou apenas uma. O almoço deveria ser servido ao meio-dia. Às 11h40, uma velhinha, coxeando, apoiada em uma muleta, entrou no hotel e perguntou: "É aqui que estão oferecendo um almoço?".

Ed disse que ficou tão alegre de ver a velhinha que teve vontade de dar-lhe um beijo. Pelo menos, tinham uma convidada. Logo depois chegaram outros, outros e mais outros. Quando finalmente se assentaram para comer, havia 300 pessoas compartilhando do espírito do Dia de Ação de Graças. Foi uma experiência maravilhosa.

Decidiram fundar um *"Clube Por que não?"*. Nomearam Ed presidente e Vicky vice-presidente.

O resultado desse almoço foi tão inspirador que Ed e Vicky decidiram repetir a experiência no Natal para as crianças pobres de Watts, um bairro de Los Angeles. Outra vez, fizeram a si mesmos a pergunta: *"Por que não?"*.

Festejaram o Natal 400 crianças de lares pobres. Elas receberam comida e presentes, ouviram canções de Natal e as boas-novas do nascimento de Jesus Cristo.

Por que não? Se uma boa ideia lhe vier à mente e nada fizer a respeito, alguém mais fará. Por que não você? Outros estão tendo êxito. Faça a você mesmo a pergunta: "Se eles podem fazer, por que eu não posso?".

Robert Kennedy gostava de dizer: "Alguns veem as coisas como são e perguntam: 'Por quê?'. Sonho coisas que nunca foram e indago: 'Por que não?'".

5. *Ative cada ideia positiva que lhe vier à mente com o F.A.: Faça agora.* Nunca deixe que uma ideia positiva murche na videira. Colha. Conserve. Não a deixe morrer no limbo da inação. Ative-a, ou ela se evaporará.

Quando ideias positivas me vêm à mente, escrevo-as imediatamente. Isso é muitíssimo importante. Tenha sempre à mão uma caderneta de anotações para ideias que valham a pena. Na frente de cada boa ideia, escreva F.A. Faça agora. O que deve fazer, faça agora antes que outros o façam e você fique no fim da fila.

Sir Alexander Fleming, um bacteriologista escocês, laureado com o Prêmio Nobel, foi quem descobriu a penicilina, esse antibiótico salva-vidas. Certa manhã, em seu laboratório da Universidade de Londres, percebeu que o fungo em volta das bactérias de certa cultura havia morrido. Ele pegou um pouco do bolor e colocou num tubo vazio para estudos posteriores. "O que me impressionou", comentou certo observador, "é que ele imediatamente agiu de acordo com sua observação. Muitos de nós, ao notar algo extraordinário, somente dizemos 'interessante', mas nada fazemos a respeito!".

Ao executarmos uma ideia positiva, plantamos uma semente. E, se plantamos uma semente, é de esperar que algo maravilhoso aconteça!

6. *Pratique probabilidades positivas.* Por que algumas pessoas se mostram sempre entusiastas? Porque esperam que coisas entusiastas aconteçam.

Mantenha a carga com uma atitude mental positiva

Quando percebo que meu nível de entusiasmo está decaindo do alto padrão de energia que fixei para mim, geralmente posso detectar o problema: "Não estou esperando que nada excitante aconteça hoje!". A solução é simples. Planejo algo excitante! Tenha uma ideia excitante, e algo acontecerá. Vários anos atrás, dr. Norman Vincent Peale e um pequeno grupo da Igreja Marble Collegiate decidiram no final do ano testar o poder das expectativas. Cada pessoa escreveu sua resolução de ano-novo, colocou-a num envelope e o selou. Concordaram em se encontrar pela mesma época no ano seguinte para lerem suas resoluções. Os resultados são dignos de nota. Certo homem escreveu: "Tudo que posso esperar do próximo ano é a mesma vida miserável". Sua expectativa se realizou. Certa mulher fez uma lista de dez metas que esperava alcançar; nove foram realizadas. Ela admitiu que, por esperar alcançar essas metas, trabalhou a fim de alcançá-las. Outro homem baseou suas resoluções nas predições de Capricórnio, seu signo astral: "Para você, capricorniano, será um ano de dificuldade e frustração". Ele teve o que esperava! Outra mulher, também capricorniana, nada sabia das predições astrológicas. Teve um ano maravilhoso. Um homem do grupo morreu durante aquele ano. Quando o grupo se reuniu de novo, abriu o envelope dele. Sua expectativa: "Como nenhum dos homens em minha família sobreviveu à idade de 60 anos, acho que vou morrer no ano que vem". Ele morreu um mês antes de seu sexagésimo aniversário. Espere sempre o melhor, e conservará seu entusiasmo em um nível elevado.

7. *Exercite o poder do positivo.* E se suas expectativas felizes nunca se realizarem? Use este princípio: Conte as bênçãos, não os problemas, e com essa atitude seu espírito

permanecerá forte. Uma carta escrita por uma mulher ilustra lindamente o "mas" positivo. Eis um trecho dela:

> Perdi meu marido, "mas" ainda tenho meus filhos, graças a Deus. Nossas ações baixaram drasticamente, "mas" ainda tenho minha casa que está paga, e isso significa muito. Minha audição está piorando, "mas" ainda tenho vista para ler e ver muito bem. Meu filho mudou-se para outro estado, "mas" converso com ele pelo telefone uma vez por semana.

8. Discipline-se para ser um reacionário positivo. Perguntaram, certa vez, a Norman Vincent Peale até onde ele aplicava o pensamento positivo. Peale respondeu: "Aplico-o a todas as situações sobre as quais tenho controle". Surgirão ocasiões em sua vida que você não poderá controlar. Suponha que alguém próximo a você sofra um acidente fatal. Você não tem controle sobre esse trágico acontecimento, "mas" *pode controlar sua reação*. O que isso lhe causará? O infortúnio jamais o deixa onde o encontrou. Você mudará. Você se tornará melhor ou pior. A escolha é sua. Torne-se um reacionário positivo. Use a cabeça. Tire vantagem da situação. Reaja positivamente em vez de multiplicar o sofrimento, o que complicaria o pesar. Reduza o efeito destrutivo do infortúnio, fazendo que algo de bom surja dele.

J. Wallace Hamilton contou que esteve no deserto, na parte que fica entre os israelitas e os árabes. Viu um rapazinho tocando flauta e disse: "Venha aqui, rapaz". Aqui estava uma flauta que antes fora cano de fuzil. Um instrumento de destruição havia se transformado num instrumento de música. Isso é uma reação positiva. "A vida", disse alguém, "é composta de 10% do que acontece a você e de 90% de *como você reage* ao que lhe acontece".

Mantenha a carga com uma atitude mental positiva

Lembre-se de quem você é. Você é um pensador de possibilidades. A regra do jogo é: "O pensador de possibilidades jamais desiste", simplesmente ajusta! Pode revisar seu horário. Pode diminuir o tamanho de seus planos. Pode reorganizar seus recursos. Pode encurtar as velas, mas não desiste! Ele reagrupa, reorganiza, reestrutura, até mesmo bate em retirada, mas não se demite!

"Esta é a fase de espera", a pessoa diz a si mesma. Tudo consegue a pessoa que jamais perde a paciência. "Espere no Senhor. Seja forte! Coragem! Espere no Senhor."[2]

9. *Conserve suas emoções positivas carregadas e recarregadas.* Emoções positivas geram entusiasmo novo. Se você permitir que velhas emoções o dominem, será um pessimista desencorajado, deprimido, raivoso ou frustrado. Permita que emoções positivas dirijam sua personalidade, e o entusiasmo fluirá de seu interior. Você se sentirá em harmonia com o universo. Permita que emoções negativas entrem no interior da sua mente e "sentirá" vibrações negativas que o encherão com um senso interior de discórdia e desarmonia. Estará fora do ritmo cósmico universal.

Você é uma criatura rítmica

"O homem é um ser essencialmente rítmico", escreve o dr. Giacobbe. "Há ritmo no descanso, na atividade, no comer, no dormir, no bater do coração, no respirar, no andar. Muitos órgãos como o rim e o fígado não podem funcionar por muito tempo sem a presença de uma pulsação rítmica na corrente sanguínea."

Igualmente importante é a descoberta de que a mente, assim como o corpo, opera em ritmo. O professor Hans

---

[2] Salmos 27.14, Nova Versão Internacional.

Berger foi, em 1923, o primeiro a demonstrar, em laboratório, a presença do ritmo no cérebro humano. Segundo relato do exemplar de *Music Educators Journal*, de abril de 1972, ele descobriu que as ondas tinham frequência constante e eram influenciadas por variados estados mentais e físicos. Edward Podolsky disse em seu livro *Music Therapy*: "A famosa frase de Descartes 'Penso, logo existo' talvez devesse ser: 'Tenho ritmo, logo existo' ". Prosseguindo, diz Edward Podolsky: "Descobriu-se recentemente que o ritmo musical tem profundo efeito no ritmo do cérebro e por conseguinte na sua função". Podolsky descobriu que o ritmo harmonioso ou discordante do cérebro é afetado pelos estímulos usados. De acordo com sua descoberta, o ritmo musical tem profundo efeito no ritmo cerebral que afeta o funcionamento do cérebro.

O que isso tem que ver com o entusiasmo? A pessoa pode determinar o ritmo cerebral pelas emoções com que o alimenta. Emoções positivas estimulam ritmo harmonioso, e esse ritmo produz entusiasmo perpétuo. Pensamentos negativos produzem emoções negativas que causam desarmonia na mente, desligam o entusiasmo tão rápido quanto um piscar de olhos. As emoções negativas resultam na quebra do ritmo interno harmonioso. Disso resulta tensão. A música se acaba! Alimente seu cérebro com emoções positivas, e o ritmo natural recomeça. Novamente ouvem-se harmonias! A pessoa começa a assobiar de novo.

Para conservar-se carregado de emoções positivas, comece por desenvolver sensibilidade discriminadora até ser capaz de diferenciar uma emoção positiva de uma negativa. A lista a seguir poderá ajudá-lo. Note que Deus fabricou a estrutura emocional humana a fim de oferecer "cura" para cada "doença"; podemos escolher uma emoção positiva que anule a negativa correspondente.

Mantenha a carga com uma atitude mental positiva

Emoções positivas	Emoções negativas
Fé	Preocupação
Esperança	Desespero
Amor	Ira (Ódio)
Confiança	Suspeita
Crença	Temor
Coragem	Covardia, pavor
Alegria	Tristeza
Gozo	Melancolia
Segurança	Insegurança
Confiança	Ansiedade
Admiração	Inveja
Determinação	Resignação
Gratidão	Reclamação
Inspiração	Inflamação
Otimismo	Pessimismo
Amizade	Hostilidade
Humor	Tensão
Autorrespeito	Autocondenação
Eficácia	Futilidade
Liberdade	Escravidão
Aceitação	Juízo
Obsequiosidade	Crítica
Perdão	Culpa
Generosidade	Cobiça
Aspiração	Isolamento

Depois comece a fazer alguns testes. Que sentimentos o dominam? Conserve estimuladas as emoções positivas e terá uma atitude mental positiva. Ao fazer isso, sua mente estará em harmonia com a mente cósmica. Eu chamo esse *poder mais alto* de "Deus". Jesus chamou o *poder mais alto* de

VOCÊ PODE SER QUEM DESEJA

"Meu Pai que está nos céus". Quando você aprender a viver em harmonia com o ritmo do universo, estará ligado a uma força espiritual que assegura um entusiasmo sempre crescente.

Você pode escolher sua estrutura emocional
Isso você faz ao escolher os estímulos a que se exporá.

1. Controle suas leituras. Que emoções estimulam? Negativas ou positivas?
2. Que dizer das conferências, programas de televisão, diversão? São estímulos negativos ou positivos?
3. Que influência você recebe de seus amigos?
4. De que maneira a religião ou a falta dela afeta sua estrutura emocional?
5. Analise suas conversas. A linguagem gera vibrações positivas ou negativas. Que tipo de conversador é você?

Muito se tem dito e escrito a respeito do fato de que as cores, o vocabulário, a arquitetura, a arte, a música e até mesmo a paisagem emitem vibrações que estimulam as emoções positivas ou negativas. O vermelho excita. O verde tranquiliza. Certas plantas, como o cacto, são consideradas pelos arquitetos de paisagens como dramáticas, enquanto os pinheiros e os chorões têm efeito calmante sobre as pessoas. Alguns edifícios são "frios", e outros são "quentes".

E quanto a seu vocabulário? E seu amigo ou seu inimigo? É importantíssimo considerar que o uso das palavras em seu linguajar diário gerará sensações negativas ou vibrações positivas.

— Perdi meu pai — disse a um amigo logo depois da morte de meu pai.

Ele corrigiu-me:

— Nunca use a palavra "perdi". É negativa. Ele não está "perdido", tampouco "morreu". Apenas "partiu", e você ainda "se lembra dele".

Os estudiosos do hipnotismo conhecem o enorme valor das palavras — como o conhecem todos os peritos em relações públicas, os diplomatas, os especialistas em comunicação e qualquer *expert* em propaganda. Você também pode se tornar um perito.

Afirmações positivas produzem ritmos positivos

Para manter uma sensação de harmonia interior positiva e emocionalmente carregada, recorde-se da seguinte regra: *Jamais profira uma emoção negativa*. Quando sente que uma emoção negativa se aproxima, o que deve fazer? Nunca diga: "Estou cansado, ou com raiva, ou magoado". Porque, ao fazer isso, estará dando vigor e poder à força negativa. Você estará literalmente cedendo e entregando sua vontade ao inimigo. Nada é mais destrutivo do que isso. Em contraste, as afirmações positivas abortam a emoção negativa. A única maneira inteligente de lutar contra as ervas daninhas é plantar grama sadia e vigorosa. A forma eficaz de destruir uma emoção negativa é expressar verbalmente uma afirmação positiva. Contra-ataque a emoção negativa invasora disparando a contraparte positiva. Como? Usando uma afirmação que libere a emoção positiva. Por exemplo, você se sente mal porque não pode deixar de fumar. Não deve expressar negativamente essa sensação em forma verbal, dizendo: "Quem me dera conseguir deixar de fumar!". Ao dizer isso, você se entrega a essa força maligna.

Em vez disso, diga: "Gosto de não fumar. Adoro a sensação de estar livre de um vício escravizador. Adoro o gosto agradável que tenho na boca desde que deixei de fumar". Ao emitir essas últimas palavras, que são verdadeiras, você *começou* a deixar de fumar.

Problemas conjugais

Há problemas emocionais em sua vida conjugal? Não deve confiar nos sentimentos negativos. De modo que não deve deixar-se dominar por emoções negativas nem usar expressões como, por exemplo, "Já não amo mais minha esposa". Em vez disso, deve afirmar: "Meus sentimentos por ela estão mudando. Não compreendo meus sentimentos, mas estou certo de que ela deve ter muitas qualidades maravilhosas ou então não teria casado com ela!".

Mudando as pessoas que nos rodeiam

Eis também a chave para o êxito em mudar as pessoas que o rodeiam. Falo regularmente a ministros sobre como pregar com o objetivo de mudar as pessoas. Não lhes diga que são pecadoras. Crerão em você — e assim estará reforçando essa autoimagem! Isso firmará essa impressão negativa na mente dessas pessoas, e a conduta delas somente provará que você estava certo. Coloque uma imagem negativa no filme de seu subconsciente e pode esperar que se revele uma foto negativa! Afirme positivamente que são as pessoas que você deseja e alcançará o que espera delas. Jesus disse: "Vocês são o sal da terra". Afirmações positivas produzem resoluções positivas, que produzem emoções positivas, que produzem entusiasmo positivo!

Use afirmações positivas para ter êxito em tornar-se a pessoa que deseja ser. Eis alguns exemplos:

"Estou ficando mais elegante a cada dia."

"Adquiro mais conhecimento todos os dias."

"Estou construindo uma base financeira mais forte a cada ano."

"Estou tornando-me uma pessoa mais bela e delicada a cada ano."

A seguir, leia como usar as sete afirmações de poder que farão que você continue firme quando tiver a impressão de que todas as suas esperanças, todos os seus sonhos e motivos para viver, de repente, tenham desaparecido.

CAPÍTULO 10

Jamais desista

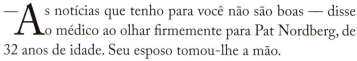

— As notícias que tenho para você não são boas — disse o médico ao olhar firmemente para Pat Nordberg, de 32 anos de idade. Seu esposo tomou-lhe a mão.

— Prossiga, doutor — disse ela.

— Você tem um aneurisma na parte mais inacessível do cérebro. Seu estado não vai melhorar. Pode morrer a qualquer hora. Se nada fizermos a respeito do aneurisma, pode ser que você tenha sorte e viva.

O doutor continuou com seu relatório frio dos fatos:

— Operação? Diria que há uma possibilidade de 10% de sobrevivência. Teria de suspender o cérebro de sua base e segurá-lo em minhas mãos. Simplesmente não sabemos o que isso causaria à sua mente, se você sobrevivesse à operação.

Aturdidos pela notícia, Olie e Pat caminharam para o estacionamento como se estivessem num mundo irreal. Um amor sem palavras fluía de coração para coração enquanto voltavam de carro para casa.

— Mamãe, mamãe — seu filho de 5 anos gritou entrando na sala de estar, e recebeu o abraço caloroso de sua linda mãe. A decisão lhe era mais difícil por causa do filho e do esposo. Deveria escolher a cirurgia com possibilidade de sobrevivência de apenas uma em dez? Deveria deixar as coisas como estavam, esperar e orar para que a próxima dor de cabeça nunca chegasse? Ela lembrou-se da primeira vez que a dor a atingira havia alguns meses. Sentiu que o vaso sanguíneo se rompera. Sentiu o líquido cálido fluir em volta do cérebro sob o crânio antes de desmaiar. Tiraram-se novas radiografias. O diagnóstico era o mesmo de antes. O aneurisma ainda estava lá.

— Bem, Pat — disse o médico —, é um aneurisma grande. Se arrebentar, será seu fim. Aneurisma — explicou ele — é o engrossamento de um vaso sanguíneo, cujas paredes são frágeis e débeis; nunca podemos prever o momento em que se romperá.

— Por que eu? Que foi que eu fiz? Tenho sido uma boa pessoa. — A autopiedade se misturou com raiva enquanto Pat chorava sozinha em seu quarto. A quilômetros de distância, Olie, um brilhante graduado da Faculdade de Ciências Econômicas da Universidade Harvard, orava a Deus pedindo direção, entre chamadas telefônicas de clientes que se mostravam inquietos e transtornados por seus "enormes problemas".

"Busquem, pois, em primeiro lugar o Reino de Deus." As palavras vieram do nada à mente de Pat. Como uma doce música que vem de repente, trazendo suave calma, a chegada desse versículo bíblico trouxe paz divina à mulher que estivera chorando. Agora sabia, sem sombra de dúvida, o que deveria fazer.

Telefonou para Olie:

— Querido, já não tenho medo. Sei que, se morrer, Deus terá alguém melhor do que eu para amar meu filho e meu marido. — Ela fez uma pausa e, com calma total, continuou: — Olie, vou telefonar para o médico e dar-lhe minha decisão: vou ser operada.

"Pat vai ser operada. Ela vai ser internada amanhã de manhã", a vizinha de Pat espalhava a notícia de casa em casa na rua onde moravam, em Fullerton, na Califórnia. "Olie

Jamais desista

vai levá-la de carro para o hospital a caminho do escritório. Dizem que ela não tem muita chance de voltar viva ou com a mente normal, mas ela diz que essa é a decisão que Deus a levou a tomar", explicava a mulher.

Na manhã seguinte, um manto de tristeza cobriu as cozinhas de toda a rua. As crianças se dirigiam pressurosas à escola, os maridos, ao trabalho, mas as mulheres de cada lar vigiavam atentamente seu relógio. Olie sairia de casa às 8 horas em ponto. Uma vizinha disse às outras:

— Saiamos todas à porta para nos despedir dela, lhe dar um beijo e um sorriso e orar por ela.

Com toda a calma e tranquilidade, Pat entrou no carro enquanto Olie carregava a pequena maleta que continha os objetos pessoais de sua esposa. Abriu a porta da garagem e tirou o carro. Pat viu suas vizinhas ao longo de todo o quarteirão e de ambos os lados da rua. Sorriu.

> Enquanto há vida, há como lutar.

Da mesma maneira que as crianças fazem lanternas de cabaças fazendo aberturas que parecem olhos, nariz e boca, assim o cirurgião abriu caminho através do crânio, com serra e broca, deixando o cérebro exposto. Enfiando as mãos na cavidade craniana, o médico tirou o cérebro da jovem mãe em suas mãos enluvadas e removeu a secção fraca do vaso sanguíneo que ameaçava arrebentar. Delicada, gentil e ternamente, com um toque de reverência, recolocou o cérebro no lugar e começou a fechar a abertura.

Como se fosse o topo da lanterna, a secção cortada do crânio foi recolocada no lugar e uma placa metálica protetora, colocada sobre ela. Toda a pele do couro cabeludo, que havia sido retirada para a cirurgia, agora podia ser recolocada e costurada. O cabelo cresceria de novo — se ela sobrevivesse. Para o marido que esperava, a operação durou uma eternidade. Pensamentos diversos lhe passavam pela mente: "Ainda estaria viva?", "Será que ela ainda o reconheceria se sobrevivesse?", "Viveria como um vegetal?", "Seria uma maníaca?", "Seria uma criança?" ou "Por favor, Deus... a mesma Pat que sempre amei?". Enquanto sua mente era saturada por essas interrogações, orava com o rosto molhado de lágrimas.

— Sr. Nordberg? — a voz familiar do médico o fez ficar de pé. Encarou, sombrio, o cirurgião. — Está tudo terminado — disse o médico. — Tudo o que podemos fazer agora é esperar e orar. Pode levar dias até que possamos saber se ela vai viver e qual será seu estado depois disso. — Era o máximo que Olie podia esperar.

Sua cabeça raspada, envolta em gaze branca, imóvel no centro do travesseiro, dava-lhe um aspecto cadavérico. Dia após dia, hora após hora, as enfermeiras esperavam por um sinal de consciência. Abriria ela os olhos? Moveria os lábios? Voltaria a falar?

Na manhã do quarto dia depois da operação, a enfermeira especial que a atendia lhe havia voltado as costas, quando, momentaneamente, ouviu umas palavras ditas em voz baixa, mas bem claras:

— Poderia pegar meu batom, por favor?

Voltando-se, viu que Pat a olhava com olhos bem abertos e alertas, suficientemente bem, do ponto de vista mental, para querer se enfeitar.

Se tão somente as frases tivessem prosseguido tão claras como as primeiras! Nas próximas semanas, o cérebro ferido de Pat foi incapaz de sustentar conversação normal. As palavras se misturavam e não saíam em sequência lógica.

Jamais desista

Para complicar o problema, seu corpo tinha pouca coordenação. Será que ela jamais seria capaz de levar uma vida normal? Passaram-se os meses. Podia ir de carro com a família à igreja novamente.

— Pat — interpelou um membro da igreja —, acho que você poderia ajudar como voluntária na classe de crianças com deficiência mental. Precisamos de um adulto que observe cada criança que possa ser ensinada. Você tentaria ajudar, por favor?

Ele não precisou perguntar de novo! Aqui estava a chance de provar que, embora sua fala e os movimentos corporais não funcionassem adequadamente, ainda poderia ser útil. Os acontecimentos que se seguiram mudaram-lhe a vida. Leia a seguir as palavras de Pat:

> Notei uma menina de 8 anos de idade, Janine, que não tinha supervisor. Ao indagar a respeito dela, disseram-me: "Ela é simplesmente um vegetal. Não tem possibilidade de jamais se desenvolver. Nem mesmo reconhece a mãe. Não pode e, provavelmente, nunca poderá andar". Senti tanta pena dela — recorda Pat. — Sentei-me no chão ao seu lado, e tudo o que ela fazia era rasgar papel e mexer os lábios com os dedos. Era tão triste! Fiquei observando-a. Então, quando seus olhos encontraram-se com os meus, sorri. Ela olhou fixamente para meu sorriso, e um milagre aconteceu! Engatinhou para onde eu estava e, escondendo a cabeça no meu colo, soluçou de maneira desconsolada. Enquanto eu ternamente acariciava-lhe as costas, ela molhou meu vestido com suas lágrimas. "Ó Deus", orei, "se o amor faz isso a esta criança, o que faria amor e educação?". Naquele momento, decidi ser psicóloga infantil.

Agora Pat sabia o que queria ser. Incríveis barreiras se encontravam pelo caminho. Antes de poder matricular-se na faculdade, ela deveria resolver o problema de transporte. A única maneira de ir às aulas seria de carro. E ela não sabia dirigir. Em seu estado atual, faltava-lhe a coordenação física para passar no exame de motorista. Ocorreu-lhe uma brilhante ideia: Tinha ouvido falar que a dança havaiana ajudava a desenvolver a coordenação motora. Decidiu fazer aulas de dança. Dois extenuantes anos de aula fizeram o trabalho. Seu corpo agora estava em condição quase perfeita. Passou no exame para motorista. O problema número um estava solucionado.

Ela se matriculou na Faculdade Estadual da Califórnia, em Fullerton, mas somente como aluna ouvinte. Seu cérebro prejudicado não permitia que ela lembrasse o que lia. Ela lia de novo! Sublinhava! Tomava notas! Decorava as notas! Durante o período de faculdade, ela só conseguiu dormir três horas por noite e tirava péssimas notas. Mas não desistiu. Ano após ano, acrescentou pontos para conseguir o diploma.

Treze anos depois da operação, ela completou seu primeiro semestre de faculdade, com uma média alta! Sua fala agora está perfeita. Por tentativas e erros, ela inventou técnicas para corrigir seu problema de linguagem. Baseada na experiência de vencer sua própria afasia, ela escreveu a tese para o mestrado sobre o seguinte tema: "Exercícios que os pais de crianças afásicas podem usar para ensinar seus filhos a melhorarem a si mesmos".

— Dr. Schuller — disse Pat, correndo para mim depois do culto certo dia —, adivinhe uma coisa: consegui meu grau de mestre. Vou trabalhar com crianças com deficiência nas escolas públicas. Foi Deus quem o fez. Eu sei. Senti-o dirigindo-me, impulsionando-me, empurrando-me. Meu Deus pode fazer qualquer coisa.

Atualmente, Pat é uma psicóloga atuante.

Jamais desista

Os derrotados podem triunfar

Mantenha-se prevenido em relação à derrota esmagadora e ao tenebroso desespero. Você pode fazer isso se entrar em contato com uma fonte infalível de poder espiritual.

O grande violinista Paganini certa vez tocava perante um auditório seleto quando uma corda do seu violino arrebentou. O auditório ficou espantado, mas o mestre músico, calmamente, continuou a tocar com as três cordas restantes. De repente, outra corda se quebrou. Mesmo assim, Paganini continuou a tocar. Então, com um estalo, a terceira corda se rompeu. Por um breve momento, o artista parou, levantou seu famoso Stradivarius com uma das mãos e anunciou: "Uma corda e Paganini". Com habilidade furiosa e a disciplina incomparável de um artista superior, terminou o concerto tocando numa corda só, com perfeição tão inimitável que o auditório deu-lhe uma salva de palmas estrondosa.

> Mantenha a fé viva!
> Com ela, você pode prosseguir!

Pode haver ocasiões na vida quando as cordas se quebrarão uma após outra. A única filha de Grace Anderson morreu num acidente automobilístico. Partira-se uma corda. Então, seu filho de 18 anos de idade sucumbiu depois de uma breve enfermidade. Outra corda se havia partido. Finalmente, seu marido morreu de ataque cardíaco. A terceira corda se quebrara.

"Perdi tudo, a não ser minha fé", disse-me ela. E acrescentou: "Minha fé é suficiente para fazer que eu continue". Ela ainda tinha uma corda: a fé em Deus! Você também pode triunfar quando estiver passando por períodos difíceis se possuir uma fé viva.

VOCÊ PODE SER QUEM DESEJA

Afirmações edificantes de fé: fundamento do poder com que você pode contar

Você também pode encontrar renovação depois de uma terrível perda pessoal ou após sofrer um grande choque. Use afirmações positivas que estimulem a emoção para sobrepujar a tristeza, o desespero e as emoções negativas concomitantes que ameaçam sobrepujá-lo. Para que grandes problemas sejam resolvidos, são necessárias grandes medidas. Portanto, use grandes afirmações para as ocasiões realmente difíceis que possa encontrar pela vida. Faça-o desta maneira: Leia as seguintes afirmações em voz alta; decore os versículos bíblicos que seguem cada afirmação; repita as afirmações e os versículos bíblicos em voz alta todos os dias e tantas vezes quantas forem necessárias. Continue a fazer isso até que sinta que a nuvem escura se desfez e o sol voltou a brilhar.

1. *Afirmo que nunca serei derrotado porque nunca desistirei.* "Esquecendo-me das coisas que ficaram para trás e avançando para as que estão adiante, prossigo para o alvo".[1]

Na parede de um pequeno hospital num vilarejo europeu, vi a seguinte oração: "Senhor, ao escolher nosso caminho, dá que jamais o deixemos. Quando cairmos, permite que nos levantemos de novo. Ao encararmos a cruz, faze que possamos ver além a coroa. Amém".

Por dois anos, a sra. J. Apt, de Orange, na Califórnia, procurou médicos num esforço de chegar à raiz de sua enfermidade. Então, chegou o dia quando o neurologista deu o diagnóstico definitivo:

— A senhora tem esclerose múltipla. Não há dúvida. Os testes são positivos.

---

[1] Filipenses 3.13, Nova Versão Internacional.

Jamais desista

Ao ir do consultório médico para casa, naquele dia, a jovem mãe sentiu a necessidade de poder espiritual como nunca antes havia sentido. Ao chegar a casa, parou para apanhar sua correspondência e notou um pacote grande e em forma de canudo. Abriu-o. Dentro, havia um grande pôster. Algumas semanas antes, uma pessoa de sua família havia escrito para nosso programa de televisão chamado *Hora de Poder* pedindo um exemplar do *Credo do pensador de possibilidades*. Tremendo, por causa da esclerose, rasgou o invólucro, desenrolou o pôster e leu em voz alta:

> Ao enfrentar uma montanha,
>   não desistirei.
> Continuarei lutando
>   até que possa
> passar por cima dela,
>   encontrar um caminho através dela,
> um túnel por baixo dela,
>   ou simplesmente permanecer onde estou e
> transformar a montanha
>   numa mina de ouro!
> Com a ajuda de Deus!

Poder enorme de fé inundou sua alma e corpo naquele momento. Desde esse instante, jamais sentiu derrota ou desencorajamento. Ela estava convencida, e ainda está, de que Deus planejou que aquele pôster chegasse à sua mão no instante exato em que dele necessitava.

Em contraste, certo homem veio a mim depois de uma preleção e disse:

— Você deveria escrever o *Credo do pensador de impossibilidades*.

VOCÊ PODE SER QUEM DESEJA

— Como assim? — perguntei.
— Minha esposa crê num! — respondeu ele. — O menor problema que surge a deprime e perturba. — Ele fez uma pausa e sugeriu: — Ela gostaria de um credo que dissesse: "Quando encontrar um montinho de terra, dele certamente farei uma montanha e DESISTIREI. Continuarei brigando, reclamando e chorando até conseguir a comiseração que desejo ou ficar cansada e doente de ter pena de mim mesma".

Certo pai tentava encorajar o filho desanimado:
— Não desista, jamais desista!
— Mas não consigo resolver meus problemas! — respondeu o rapaz.
— Lembre-se, filho, as pessoas que são lembradas são as que não desistiram: Robert Fuller não desistiu, Thomas Edison jamais desistiu, Eli Whitney nunca desistiu, e veja Isador McPringle...
— Quem é Isador McPringle? — perguntou o rapaz.
— Veja — disse o pai —, você nunca ouviu falar dele. Ele desistiu.

Faça a si mesmo a pergunta: "Por que desistir quando as coisas vão mudar para melhor?". Elas vão. Creia que existe uma força suprema neste universo. Ela é inteligente ou não? É amorosa ou não? Se essa força cósmica suprema não for nem inteligente nem amorosa, então devemos, realmente, ter razão para tremermos de medo.

Todas as grandes religiões afirmam que o homem foi feito à imagem de Deus e que, no coração, o homem é uma criatura emocional e racional, inteligente e amorosa, um reflexo em miniatura de Deus!

Leia os grandes textos a seguir e adquira fé sobre a qual apoiar-se:

Jamais desista

1. "Ele pode salvar completamente todos quantos vão a Deus por meio dele".[2]
2. "É capaz de socorrer aqueles que também estão sendo tentados".[3]
3. "[...] ele é poderoso para guardar o que lhe confiei até aquele dia".[4]
4. "E ele pode guardá-los de escorregar e cair".[5]
5. "[...] é capaz de fazer infinitamente mais do que tudo o que pedimos ou pensamos [...]".[6]

Creia na capacidade ilimitada de Deus! Jamais desista quando, com um Deus como esse, você pode ter enorme poder espiritual. Isso dá a você a base de apoio para todas as afirmações restantes.

2. *Afirmo que Deus espera que eu tenha firmeza de propósitos e tenho:* "O povo que conhece o seu Deus resistirá com firmeza".[7]

O campeão de peso pesado Jack Dempsey disse: "Para ganhar, é preciso ser capaz de dar e receber socos fortes". Duffy Daugherty, ex-treinador da Universidade Estadual de Michigan, dizia o mesmo com outras palavras: "Quando procuro futuros vitoriosos, procuro jovens de garra". Knute Rockne, famoso treinador de futebol de Notre Dame, tinha um *slogan* famoso: "Quando as coisas ficam feias, os bravos são os que triunfam".

[2] Hebreus 7.25, Bíblia Viva.
[3] Hebreus 2.18, Nova Versão Internacional.
[4] 2Timóteo 1.12, Nova Versão Internacional.
[5] Judas 24, Bíblia Viva.
[6] Efésios 3.20, Nova Versão Internacional.
[7] Daniel 11.32, Nova Versão Internacional.

VOCÊ PODE SER QUEM DESEJA

Já observei que há pessoas que poderíamos chamar de "dilatadoras". Protelam uma decisão, a menos que tenham certeza do resultado. Outras são "desertoras" — começam, mas desistem quando as dificuldades aumentam. Prefiro os "denodados", aqueles que, confrontados com enormes dificuldades, dão tudo de si para o sonho que alimentam. Parafraseando Isaías, levantam-se com asas como águia. Correm e nunca se cansam.

Os que nunca sonharam que você poderia fazer tal coisa o aplaudirão quando virem seu sucesso.

Os livros de história o chamam de lorde Shaftesbury. Quando vivo, era mais conhecido como lorde Ashley. Nasceu em 1801, na Inglaterra, cresceu nos círculos aristocráticos em meio a parentes e amigos da classe alta, entre os quais havia industriais ricos.

Sua grandeza começou com uma batida na porta. Era o reverendo C. S. Bull, que viera pedir a Ashley que fizesse algo pelos operários oprimidos. Seu primeiro impulso foi dar uma gargalhada. Não era amigo dos trabalhadores.

"Amo a Deus e amo a todos os homens e, portanto, devo ouvir", pensou ele. O que descobriu foi um choque para si mesmo e para toda a Inglaterra. Órfãos de até 9 anos de idade estavam sendo praticamente vendidos como escravos para trabalhar nas indústrias têxteis, com carga horária de até treze horas. Suas investigações posteriores o enojaram.

Apresentou o problema a sua esposa, e pediu sua opinião quanto a se deveria ou não tentar conseguir uma lei que regesse as condições trabalhistas.

— Se fizer isso, significa que ofenderei alguns de nossos amigos que são donos de fábricas e de minas. Significará também preocupações, trabalho, e teremos de misturar-nos com gente rude e desagradável.

Jamais desista

Lady Ashley respondeu:

— É seu dever, senhor, servir a Jesus Cristo. Esqueça-se das consequências. Siga em frente e jamais desista.

Um ano depois, o Parlamento aprovou a *Lei das Fábricas,* em 1833, que proibia as crianças menores de 9 anos de trabalharem em fábricas. Os industriais mostraram-se hostis, pois consideravam que sua liberdade de administrar as fábricas via-se restrita pelo governo. Quando alguns amigos instaram com lorde Shaftesbury para abandonar sua cruzada, negou-se tenazmente. Como resultado de sua instigação permanente e férrea, designou-se uma comissão real para fazer o que nunca havia sido feito: foi outorgado ao governo federal poder para investigar o que se passava nas minas, essas fábricas subterrâneas.

O Parlamento inglês ficou abismado ao ouvir o relatório da comissão. Crianças de 7 anos de idade, algumas de 5 e 6 anos, trabalhavam doze horas por dia junto a mulheres quase nuas e homens totalmente nus. Comprovou-se o mesmo espetáculo em todas as minas. Confrontados com tais fatos, os donos das minas tiveram de admitir que realmente haviam incorrido em tais práticas, e Shaftesbury conseguiu a sanção legal que proibia emprego, nas minas, para mulheres e crianças menores de 10 anos. Além disso, fundou as Ragged Schools [Escolas dos Farrapos], nas quais as crianças desprezadas dos becos de Londres poderiam viver, estudar e ser amadas. Deus tinha um plano para a vida dele.

Deus tem um plano para sua vida também. O que está acontecendo a você agora é parte dele. Portanto, anime-se. Esforce-se. Mantenha-se rijo. Enfrente seus problemas com a força dada por Deus.

3. *Afirmo que Deus dispôs de antemão as pessoas que haverão de ajudar-me. Pessoas que nem sequer conheço, no*

momento oportuno, e da melhor maneira, me apoiarão! "E não nos cansemos de fazer o bem, pois no tempo próprio colheremos, se não desanimarmos".[8]

Fico assombrado com os milhares e milhares de pessoas com todos os tipos de talentos, habilidades, dons, interesses e contatos que Deus trouxe para minha vida a fim de tornar possível meu sonho de uma grande igreja. Muitas vezes, sinto que nada fiz, a não ser permitir que minha mente recebesse o sonho de Deus e que minha boca o apresentasse. Deus chamou as pessoas para fazerem o trabalho. Deus tem as pessoas certas para preencherem toda e qualquer necessidade.

Em 31 de outubro de 1942, no auge da Segunda Guerra Mundial, Winston Churchill falou a um grupo de mineiros de carvão, sujos, anônimos e simples:

> Algum dia, quando seus filhos perguntarem: "O que o senhor fez para nos dar esta herança, e para trazer respeito ao nosso nome entre as nações?", um dirá: "Fui piloto de guerra"; outro dirá: "Estive no Serviço de Submarinos"; alguém ainda poderá dizer: "Ninguém teria sobrevivido sem os Comboios e a Marinha Mercante". Vocês, por sua vez, dirão, com igual orgulho e igual direito: "Nós produzimos o carvão".

Sim! Produziram o carvão para abastecer os navios para transportar as tropas e ganhar a guerra!

Então, abra os olhos e veja o rosto das pessoas ao seu redor. Abra os ouvidos para o que estão dizendo. Hoje, amanhã, na próxima semana, encontrará alguém — justamente a pessoa de quem você necessita! A pessoa certa surgirá na hora certa para preencher o lugar certo. A maneira em que a encontrar vai assombrá-lo. Saberá que foi arranjo de Deus!

---

[8] Gálatas 6.9, Nova Versão Internacional.

4. Afirmo que Deus é mais forte do que o mais forte. "E hoje eu faço de você [...] uma coluna de ferro".[9] Certa vez, havia um jovem que tinha uma grande ideia. Ele tinha sido chamado por Deus para se tornar um grande líder entre os homens. Seu coração enchia-se de emoção quando pensava em seus sonhos elevados. Então, chegou o desânimo, e clamou negativamente a Deus: "Ó Senhor, sou somente uma criança". Sabia que encontraria oposição enorme das pessoas que estavam no poder em sua pátria. Reis e sacerdotes, de igual maneira, tentariam impedi-lo e entrariam em choque com ele. Ao meditar em todos esses obstáculos, sentiu-se como uma vara quebrada, como um junco delgado sacudido pela tormenta. A esse jovem, a ponto de renunciar, Deus falou: "Jeremias! Não te desanimes — farei de você uma coluna de ferro".

Deus transforma as pessoas de coração débil em vigorosas colunas de ferro. Essa descrição corresponde ao caráter do duque de Wellington. Esse distinto cavalheiro veio a ser chamado o Duque de Ferro. Demonstrou que foi o homem de Deus para a hora de Deus na história. Porque Deus é mais forte que o mais forte entre os fortes.

Se perguntarmos aos estudiosos da história europeia quem foi o homem mais forte do século XIX, muitos responderão que foi Napoleão Bonaparte.

Quando a Revolução Francesa começou, em 1789, os ingleses se regozijaram. Seis anos mais tarde, o jovem general de artilharia Napoleão Bonaparte fez-se chefe da caótica nação. Em 18 de maio de 1804, o papa foi de Roma à Catedral de Notre-Dame para coroar Napoleão como imperador da França.

[9] Jeremias 1.18, Nova Versão Internacional.

VOCÊ PODE SER QUEM DESEJA

Ante a vitória francesa em Austerlitz sobre o exército coligado da Áustria e da Rússia, em 2 de dezembro de 1805, William Pitt, o grande primeiro-ministro inglês, predisse anos de derramamento de sangue. Derrotadas Rússia e Áustria, Pitt apontou para um mapa da Europa pendurado na parede e disse: "Enrolem esse mapa, pois não necessitaremos dele nos próximos dez anos".

Em 1803, a maré havia se voltado contra o imperador francês. Derrotado em Leipzig, exilaram-no na ilha de Elba, mas seu cativeiro não durou muito. Dois anos mais tarde, no dia 1º de maio de 1815, Napoleão desembarcou nas costas francesas com 1.100 homens e começou a reconquista. Dezoito dias depois, era novamente imperador da França, começando seu reinado de cem dias. Sabia que, para retomar o poder pleno, era imprescindível uma rápida vitória sobre os Países Baixos e logo depois sobre a Áustria. Coube ao duque de Wellington, comandante das tropas inglesas, tentar deter esse corso enlouquecido pelo poder.

Ao amanhecer do domingo 18 de junho de 1815, as forças de Napoleão encontraram-se com as forças de Wellington na Bélgica, nos arredores de uma pequena localidade chamada Waterloo. Chovia. Os campos estavam inundados e lamacentos. Ouviu-se o primeiro tiro às 11 horas. Às 15 horas, Napoleão lançou sua cavalaria contra o flanco direito inglês.

"O soldado britânico é imbatível", observou certo historiador, "quando está bem comandado". (Assim é um simples crente comandado por Cristo — não pode ser derrotado.)

Cada vez que o combate se tornava mais inflamado, Wellington cavalgava por entre os soldados. Quando alguma seção vital de suas linhas de combate parecia a ponto de sofrer um colapso e retroceder, essa coluna de ferro se punha entre eles e do alto do cavalo dizia: "Permaneçam firmes, meus rapazes. O que dirão disso na Inglaterra?".

Jamais desista

Quando seus oficiais rogaram-lhe permissão para dar o toque de retirada, o Duque de Ferro respondeu direta e teimosamente: "Meu plano é simplesmente aguentar firme até o último homem".

Era uma atitude vitoriosa e decisiva. E aguentaram firmes. Quando a velha guarda napoleônica avançou, às 19 horas dessa tarde de verão, o duque deu a ordem de atacar. Os generais franceses não podiam acreditar quando viram seu exército destruído na derrota final. Napoleão encontrou seu Waterloo ao enfrentar um homem a quem Deus havia transformado numa coluna de ferro!

Tente fazer esta oração: "Ó Deus, faze-me uma coluna de ferro. Tu o farás. Tu és. Sinto-o. Está em mim. Sou forte. Obrigado, Deus. Amém".

5. Afirmo que Deus transformará minhas piores horas em meus melhores momentos. "Sejam homens de coragem, sejam fortes".[10]

Nesse versículo, o vocábulo original é *andrizomai*, que significa: "Parem de agir como criancinhas e comecem a agir como homens". Os momentos maus se transformarão em momentos bons, quando as tribulações trouxerem à superfície o melhor que há em você.

Poucos líderes do século XX foram mais valentes e inspirados que *sir* Winston Churchill durante a terrível Segunda Guerra Mundial. Hitler havia tomado toda a Europa Ocidental. A França havia caído, e todo o resto da Europa Ocidental, que incluía a República Checa, a Eslováquia, a Polônia, a Noruega, a Holanda e a Bélgica, estava sob o poder de Hitler. Os Estados Unidos ainda não haviam feito nenhuma intervenção. O mundo esperava o próximo movimento louco

[10] 1Coríntios 16.13, Nova Versão Internacional.

do ditador. Foi então que as estações de rádio propagaram a todo o mundo as palavras de Churchill pronunciadas perante a Câmara dos Comuns, no dia 13 de maio de 1940: "Perguntais qual é nossa meta? Posso responder-vos com uma única palavra: vitória. Vitória a todo custo, vitória apesar do temor. Vitória, não importa quão difícil e comprido seja o caminho, pois sem vitória não há sobrevivência. Nada tenho para vos oferecer, a não ser sangue, trabalho, suor e lágrimas".

Duas semanas depois, Churchill pronunciou as palavras inspiradas que fariam de toda a nação uma coluna de ferro:

> Embora vastas regiões da Europa e muitos antigos e famosos Estados tenham caído ou cairão nas garras da Gestapo, não haveremos de flanquear nem ceder. Prosseguiremos até o fim. Pelejaremos na França, nos mares e nos oceanos; pelejaremos com confiança e força crescentes no ar; defenderemos nossa ilha a qualquer custo. Pelejaremos nas praias, nos pontos de desembarque, nos campos, nas ruas; pelejaremos nos corredores. Jamais nos renderemos.

Duas semanas depois, novamente Churchill falou perante a Câmara dos Comuns: "Aferremo-nos ao cumprimento de nosso dever e comportemo-nos de tal modo que, se o império britânico e a Comunidade Britânica durarem mil anos, os homens possam dizer que *esta foi sua hora mais gloriosa*".

Você também pode transformar seus piores momentos em suas melhores horas. As tribulações sempre levam as pessoas para mais perto de Deus ou as afastam dele. Faça a escolha certa e transformará a tragédia em vitória.

5. *Afirmo que jamais posso afastar-me do amor de Deus.*
"Suporte comigo os meus sofrimentos, como bom soldado de Cristo Jesus".[11]

---

[11] 2Timóteo 2.3, Nova Versão Internacional.

Jamais desista

Um casal de amigos meus do Meio-Oeste tinha dois filhos, nascidos com intervalo de dois anos. Lembro-me muito bem daquela triste manhã de verão, anos atrás. Os meninos estavam brincando no lago quando a balsa, construída por eles mesmos, desintegrou-se e o filho mais moço se afogou. Encararam a vida com valentia: "A vida continua — e nós também devemos continuar", disseram. Transcorridos dois anos, o filho que havia ficado morreu esmagado por um trator que tombou enquanto arava o campo. Meses depois, os pais visitaram nossa igreja.

— De onde tiraram forças para prosseguir? — perguntei.

A mãe respondeu valorosamente:

— Um estranho, que soube de nossa tragédia, enviou-nos uma carta com uma simples e sincera afirmação. Dizia: "Deus ainda os ama".

— Repeti essa frase vezes sem conta e creio nela. E isso é o suficiente. — Os olhos do esposo brilhavam, enquanto ela sorria com os olhos úmidos. De mãos dadas, oramos. Vi-os saírem altos e sublimes em sua fé e confiança: colunas de ferro!

6. *Afirmo que, se for totalmente dedicado, finalmente triunfarei.* "Seja fiel até a morte, e eu lhe darei a coroa da vida. [...] Ao vencedor darei do maná escondido".[12]

A pessoa exigente encontra resistência.

A pessoa derrotada encontra indiferença.

A pessoa dedicada encontra ajuda!

As pessoas se aproximam dela — primeiro para ver, depois para se interessar e finalmente para ajudar!

Certa vez, uma fã entusiasta aproximou-se de Fritz Kreisler, o mundialmente famoso violinista, e gritou: "Senhor Kreisler,

---

[12] Apocalipse 2.10,17, Nova Versão Internacional.

daria a minha vida para tocar como o senhor!". Ele respondeu calmamente: "Senhora, foi o que fiz".

Somente um mês depois de Churchill ter prometido à Inglaterra que a "sua hora mais gloriosa se aproximava", disse, no dia 14 de julho de 1940:

E agora cabe-nos ficar firmes e enfrentar o pior que nos possa fazer a força e a inimizade do tirano [...]. Lutamos sozinhos e por nossos próprios meios [...] mas não lutamos somente para nós [...] esperamos, sem desmaiar, o assalto iminente. Talvez venha na semana que vem. Talvez jamais venha. Devemos mostrar-nos igualmente capazes de enfrentar um súbito e violento embate ou, o que seria talvez uma prova mais difícil, uma prolongada vigília.

Mais tarde, quando sua ilha estava sendo demolida pelas bombas inimigas que caíam dia e noite, e alguns líderes assustados planejavam a evacuação do território, Churchill disse: "Não se ganham as guerras por evacuação".

Poucas palavras descrevem melhor Churchill do que as seguintes: "Nunca ceda! Nunca ceda! Nunca, nunca, nunca, nunca — em nada, grande ou pequeno, enorme ou insignificante —, nunca ceda, exceto a convicções de honra e bom senso!".

Se há uma lição que surge claramente das páginas da Bíblia, é esta: Deus não permitirá que suas colunas de ferro sejam derrotadas.

A batalha que Churchill pressagiou começou no dia 6 de agosto. Prolongou-se até setembro. A ilha foi bombardeada dia e noite. Imensos contingentes de tropas hitlerianas estavam prontos, nas costas da França, para invadir a Inglaterra assim que a Real Força Aérea fosse destruída. (Hitler tinha um projeto rigorosamente elaborado, para deportar todos os homens ingleses cuja idade estivesse entre 17 e 45 anos e repovoar a ilha com alemães e, assim, para sempre mudar a nação!)

Jamais desista

À luz dos acontecimentos históricos, sabemos agora que no dia 15 de setembro, por uma ocorrência imprevisível, mudou-se o rumo da guerra. No quartel-general subterrâneo do grupo de combate número 11, em Uxbridge, Middlesex, as luzes se acendiam e apagavam no enorme quadro da parede, enquanto, em grandes mesas, empregados falavam em voz baixa movendo modelos de aviões britânicos e alemães que nesses precisos instantes travavam a luta decisiva bem acima de suas fortificações subterrâneas. Decorreu meia hora. Os aviões britânicos teriam de aterrissar para reabastecimento depois de oitenta minutos no ar. Churchill chegou à fortificação. Dirigindo-se ao vice-marechal do ar Park, disse:

— Dentro em pouco, todos os nossos aviões estarão no chão para reabastecimento, e devemos enviar esquadrões de reserva ou, do contrário, a Luftwaffe destruirá integralmente nossa frota aérea, enquanto se reabastece.

Então, voltando-se novamente para o comandante das forças aéreas, o primeiro-ministro disse:

— Que outras reservas nos restam?

— Nenhuma — foi a resposta.

Subitamente — foi um acontecimento inesperado? —, os discos se moveram nas mesas mostrando que os aviões alemães se retiravam rumo ao leste, aparentemente escolhendo um momento de calma no combate para reabastecer seus próprios aviões. Poderiam ter aniquilado a força aérea que estava em terra — e a invasão poderia ter começado!

Deus sabe perfeitamente bem quanto você é capaz de suportar! Jamais desista! Jamais ceda! A situação mudará. Um milagre acontecerá. Não há situação sem esperança enquanto você não se desesperar! Como é que se mantém viva a esperança? Lançando mão dos ilimitados poderes da oração.

205

CAPÍTULO 11

Oração + pensar possibilidades = êxito

Na comédia musical intitulada *1776*, George Washington faz três perguntas profundas: Existe alguém aí? Existe alguém ouvindo? Alguém se importa?

Você também pode fazer essas perguntas quando se sentir desapontado e desanimado. Tenha certeza de que a resposta para as três perguntas é um grande "SIM". Deus está aí. Deus escuta. Deus se importa com você e com seus sonhos.

O povo norte-americano deverá lembrar-se por muito tempo do ano de 1970, quando os astronautas da Apolo 13 quase perderam a vida. O projeto começou de um modo rotineiro. O foguete teve um lançamento perfeito. Tudo correu bem até que a espaçonave a 330 mil quilômetros da Terra enviou a seguinte mensagem à central terrestre: "Temos um problema".

Ao ouvir essas palavras, o povo, ao redor do mundo todo, que via o lançamento pela televisão, nervoso e sem nenhum constrangimento começou a orar por esses jovens corajosos. Milhões de pessoas, que normalmente teriam sido sofisticadas demais para admitir que jamais oraram abertamente, clamaram a Deus. Uma explosão no suprimento de combustível havia colocado a vida dos astronautas em perigo e tornado impossível a descida na lua. Tiveram de trazer a espaçonave de volta à Terra mediante medidas de emergência.

Quando James A. Loveill, Fred W. Haise e John L. Swigert desceram a salvo no oceano Pacífico, foram levados de helicóptero ao porta-aviões. O mundo todo observava sua chegada ao convés. Um capelão se adiantou. Enquanto o capelão fazia uma oração de agradecimento, os três ousados astronautas curvaram-se em atitude de oração. A revista *Time* escolheu como capa o quadro desses três astronautas — cabeça baixa, mãos postas, agradecendo a Deus sua volta ao lar. O presidente dos Estados Unidos proclamou um domingo especial para oração e ações de graças.

Uma catástrofe estava para acontecer no espaço exterior, e os peritos do centro espacial de Houston tentavam descobrir um meio de trazer os três homens de volta. Eles precisaram planejar correção, reentrada e retorno simulados. A fim de preparar tal plano, precisavam ter a localização precisa da Apolo 13 no momento. Para determinar a localização exata dela no espaço exterior, não dependeram de equipamentos eletrônicos sofisticados. Em vez disso, pediram que os astronautas olhassem para fora e dessem a posição de determinada estrela. Em última análise, quando a situação se tornou crítica, o centro espacial de Houston recorreu às estrelas imutáveis do céu!

Momentos depois, em entrevista à imprensa, Swigert disse: "Se a pergunta é se oramos, certamente que sim! E também achamos que as orações feitas por pessoas de todo o mundo nos ajudaram a voltar em segurança para casa".

O campeão de boxe peso pesado Joe Frazier é um grande pensador de possibilidades que teve êxito pelo entusiasmo, pela fé, pelo trabalho duro e pela oração. Frazier é um cristão devoto e dedicado. Ele lê a Bíblia todas as noites e vai à igreja regularmente. Esse campeão credita seu êxito de boxeador à fé que tem em Deus. Quando menino, Joe sonhava tornar-se um boxeador. Foi inspirado por Archie Moore, um de nossos maiores lutadores e um dos homens de destaque de nossa época. Archie Moore tinha um programa de televisão que inspirou muito Joe Frazier.

Oração + pensar possibilidades = êxito

Frazier crê firmemente que o sucesso profissional depende da disposição da pessoa. É preciso trabalhar duro — mês após mês, ano após ano, obstáculo após obstáculo. Frazier admite que muitas vezes sentia a tentação de parar na metade da corrida diária de 12 quilômetros. Imaginava que ninguém notaria a diferença. Mas pensava: "Se parar agora, estarei enganando a mim mesmo, e essa é a última pessoa no mundo a quem desejo enganar". Por isso, terminava de correr os 6 quilômetros restantes.

Joe também afirma: "A oração é tão importante quanto o treinamento".

> Oração e trabalho duro para ter resultado.

Na noite em que lutou em Tóquio, como representante dos Estados Unidos, nos Jogos Olímpicos de 1964, Joe orou intensamente. Ganhou luta após luta. Na semifinal, em que ganhou a luta, Frazier fraturou o polegar da mão esquerda. Ele dependia de seu mortífero gancho de esquerda. Como poderia vencer nas finais?

Nessa noite, Frazier foi o grande campeão. Após a luta, dirigiu-se a seu quarto de hotel, trancou a porta, encheu uma bacia com água quente e pôs-se a banhar a mão esquerda machucada. O polegar esquerdo, grosso e inchado, doía terrivelmente. Frazier disse a si mesmo: "Nesta mão, está minha força; meu polegar está quebrado. Estou acabado. Que coisa horrível! Sou a única chance de os norte-americanos ganharem a medalha de ouro e estou quebrado".

Joe recordou-se de sua infância. Lembrou-se do pai que não tinha o braço esquerdo, mas era capaz de fazer coisas incríveis com um braço só. "Se meu pai pôde alimentar a esposa e 13 filhos, por que é que me preocupo com um polegar quebrado?" Ele orou e creu!

No dia seguinte, quando subiu ao ringue para o assalto final contra Hans Huber, o favorito, Frazier manteve a mão esquerda pendida e inerte ao lado. Adotou uma postura inusitada. Tinha esperança de que ninguém suspeitasse da verdade. Horas antes, os treinadores de Hans Huber tinham-no advertido de que se cuidasse do gancho esquerdo de Frazier. Hans notou a mão esquerda de Frazier pendida ao lado; também chamou-lhe a atenção seu movimento peculiar de pernas, mas recordou da séria advertência de seus técnicos e manteve-se sempre a uma distância prudente da esquerda poderosa de Joe. Huber lutou com tanta cautela que Frazier foi declarado campeão por três votos contra dois. Os comentaristas esportivos ainda especulam sobre qual teria sido o resultado se Huber soubesse que o polegar esquerdo de Frazier estava quebrado.

Milhões das mentes mais inteligentes, estudiosas e científicas da atualidade creem na oração, praticam-na e sabem que ela funciona. Dos milhões de cartas de todas as partes do país que recebo todos os anos dos telespectadores do programa *Hora de Poder*, dezenas de milhares testificam da realidade do poder de Deus em sua vida como resultado da meditação, da oração e do ligar-se positivamente a esse poder inteligente, amoroso, a que chamamos Deus. Eis um exemplo:

> Sou uma pequena mulher negra de 1,53 metro de altura; peso 44 quilos. Mas sinto-me como uma poderosa fortaleza que conseguiu aguentar tormentas devastadoras.
> Vi, pessoalmente, o homem que agora é meu ex-marido profanar meu leito nupcial. Bateram em mim

Oração + pensar possibilidades = êxito

porque recusei deter o processo de divórcio, depois de sete anos de casamento e 18 outras mulheres na vida de meu marido. Muitas noites, chorei quando meus filhinhos perguntavam: "Onde está o papai?". Este ano, trabalhei em quatro lugares para sustentar minha família, pois não contei com ajuda financeira alguma. Além de meus próprios problemas, exerço o magistério em um gueto, onde vejo diariamente a pobreza e a falta de autoestima entre meus alunos. E, por me preocupar com essas crianças formosas (que não sabem quão formosas são), carrego também seus problemas.

O maravilhoso em tudo isso é que, com a ajuda de Deus, apeguei-me ao legado da verdade, do amor, da vida e do conhecimento — o único dom que meu pai me deixou — e segui adiante sem titubear. Deus nunca falhou comigo. Ando com a cabeça erguida para o céu *e falo com Deus vinte e quatro horas por dia.* Não importa quão grave seja o problema, Deus deu-me a capacidade de sorrir e dar de mim mesma às pessoas menos afortunadas que eu. E, creia-me, reverendo Schuller, quantidade alguma de cosmético pode criar um rosto que brilha com a luz de Cristo, tão eterna quanto formosa. Minha afirmação diária é: "Que a luz de Cristo brilhe ao meu redor para que outros possam ver em meio às trevas. Que a paz de Cristo me inunde de tal modo que os outros possam sentir as vibrações íntimas de sua obra". *Também oro, nos momentos mais escuros de minha vida, para que Deus envie alguém a quem possa ajudar.* Pois na doação de nós mesmos está nossa verdadeira paz interior.

Uma das afirmações mais espantosas jamais feitas por um mestre religioso foi expressa por Jesus Cristo: "E tudo o que pedirem em oração, se crerem, vocês receberão".[1]

---

[1] Mateus 21.22, Nova Versão Internacional.

Isso significa que Deus dará a qualquer pessoa tudo o que pedir? É claro que não. Muitas vezes, não temos a sabedoria para perceber o que é melhor para nós.

Num vilarejo na Alemanha, ouvi contar esta lenda:

Anos atrás, nossas colheitas eram escassas. Por isso, os aldeões oraram: "Senhor, promete-nos que, durante um ano, nos darás exatamente o que pedirmos. Sol e chuva quando o pedirmos". Segundo a lenda, Deus concordou. Quando os aldeões clamavam por chuva, Deus mandava chuva. Quando pediam sol, vinha o sol. Jamais o milho havia ficado tão alto ou o trigo tão belo como nesse ano.

Ao se aproximar o tempo da colheita, a alegria transformou-se em tristeza quando os fazendeiros viram, para seu espanto e decepção, que os pés de milho não tinham espigas, que os talos de trigo não haviam produzido grãos e que as árvores frutíferas cheias de folhas não haviam produzido frutos. "Ó Deus", orou o singelo povo. "Tu falhaste conosco."
E Deus respondeu:
— Não, meus filhos. Dei-lhes tudo o que pediram.
— Então, por que, Senhor — clamaram —, não temos frutos nem grãos?
— Porque — respondeu Deus — não pediram o forte vento do Norte, sem o qual, é claro, não houve polinização.

O plano de Deus

Jesus não disse que Deus responde a todas as petições egoístas, infantis e cheias de autocomiseração. Mas Jesus disse que Deus responde a toda oração. Às vezes, as pessoas oram pedindo coisas totalmente egoístas e materiais. Quando não recebem respostas miraculosas aos seus pedidos, com dúvida e cinismo, elas dizem: "Veem, a oração não funciona!". Elas a chamaram de oração, mas Deus não a considerou como tal.

Oração + pensar possibilidades = êxito

Oração não é um ardil nem um artifício

Oração não é um artifício mediante o qual podemos introduzir Deus em nossa vida. A oração é um exercício espiritual pelo qual nos achegamos a Deus até nos identificarmos com seus planos e propósitos. Alcançamos a paz quando estamos em harmonia com os planos e propósitos universais de Deus. Quando isso não acontece, sofremos as consequências de frustrações interiores, de tensões e de conflitos. A oração verdadeira é o exercício espiritual pelo qual harmonizamos nossos sonhos e desejos com os planos de Deus. A seguinte afirmação anônima está colocada no quadro de avisos do centro de aconselhamento da Igreja de Garden Grove:

> Deus tem um plano para mim. Está oculto dentro de mim, assim como o carvalho está dentro da semente ou como a rosa está dentro do botão. Creio que tudo que me acontece na vida é necessário para meu crescimento. À medida que me entrego mais completamente ao plano de Deus, ele se expressa mais perfeitamente por meu intermédio. Quando estou em sintonia com ele, minha mente e meu coração estão cheios de paz interior profunda. Essa paz enche-me com um senso de segurança, alegria e um desejo de fazer as coisas que são parte do plano; ou então sou cheio de uma nova paciência, uma nova quietude, que torna possível que os outros revelem o plano a mim.

> Alcançamos paz quando estamos em harmonia com os planos e propósitos universais de Deus.

Esse plano é uma parte perfeita de um plano maior. É para o bem de todos, não somente para o meu. É um plano

215

de múltiplas faces e alcança todas as pessoas que eu encontro e todos os acontecimentos de minha vida; portanto, aceito os acontecimentos e as pessoas que vêm à minha vida como instrumentos da revelação do plano de Deus para mim.

Deus escolheu os que ele deseja que eu conheça, ame e sirva, e estamos continuamente sendo atraídos um ao outro.

Oro para que eu seja um instrumento melhor para amar e servir e que possa ser cada vez mais digno de receber o amor e o serviço dos outros, para que juntos possamos expressar mais perfeitamente o plano de Deus em nossa vida.

Peço ao Pai que habita em mim somente as coisas que são minhas. Sei que meu bem virá a mim no tempo certo e da maneira certa. Esse conhecimento interior liberta minha mente e meu coração de todo temor, ciúme, raiva e ressentimento. Dá-me coragem e fé para fazer as coisas que sinto que devo fazer. Quando estou sintonizado com o plano de Deus, estou livre da avareza, paixão, de pensamentos impuros e atos impuros. Já não olho com inveja para o que os outros recebem, nem me comparo com eles. Portanto, não me separo de Deus, o doador de todas as boas coisas.

As dádivas de Deus para mim são muitas e, muitas vezes, maiores que as que estou recebendo agora. Oro para que eu possa aumentar a capacidade de receber, assim como minha habilidade de dar. Porque somente posso dar à medida que recebo, e receber à medida que dou. As dádivas de Deus sempre trazem paz, harmonia e alegria. Desse modo, tudo que me enche de paz e harmonia, e não magoa os outros, vem de Deus e pertence a mim. Creio que devo fazer todo e qualquer trabalho para o qual me sinta chamado. Quando estou em sintonia com o que é verdadeiramente meu, todas as coisas operam para o bem de todos.

Creio que quando não posso fazer as coisas que desejo, é porque Deus fechou uma porta simplesmente para

Oração + pensar possibilidades = êxito

abrir outra, maior e melhor. Se não vejo saída logo à frente, é porque não tenho visto e ouvido a direção de Deus nem obedecido a ela. Então, Deus usa a tribulação ou o fracasso aparente para ajudar-me a encarar a mim mesmo e encontrar inspiração e poder para ver a porta certa.

O verdadeiro propósito de minha vida é encontrar Deus dentro de minha própria mente e coração e ajudar meu próximo. Seu amor, luz e vida serão expressos mais perfeitamente por meu intermédio, à medida que continuo em contato com o Pai. Oro para que eu possa sempre ser guiado por sua direção infalível. Agradeço a meu Pai celestial toda experiência que me ajuda a render minha vontade à sua vontade e me leva para mais perto dele. Porque, somente quando eu me perder na consciência de sua grandiosa presença, poderei cumprir seu plano para minha vida.

Então, o que é oração verdadeira?

Oração verdadeira é descobrir a harmonia mental que vem do pensar os pensamentos de Deus para sua vida. Por exemplo, você se encontra num barco. Aproxima-se da margem. Lança a âncora e deixa que ela se aprofunde na areia. Pega a corda da âncora e a puxa até que o barco encoste na praia. O que você fez? Não levou a praia para o barco, mas levou o barco para a praia.

O propósito inteiro da oração não é dar a você o que deseja — quando o deseja; mas transformá-lo no tipo de pessoa que Deus planejou quando o colocou no planeta Terra.

Como é que Deus responde à oração?

Alguém disse que Deus responde a toda oração com as seguintes palavras: "Eu amo você". E, por amá-lo, responde a toda oração em uma de quatro maneiras.

VOCÊ PODE SER QUEM DESEJA

1. *Quando as condições não são certas, Deus diz: "Não".* Na verdade, mesmo assim ele está lhe dando o que você realmente deseja porque o que realmente deseja é o melhor para você. O que você realmente deseja é ser a pessoa grandiosa que pode ser! Se Deus diz não à sua oração, é porque tem uma maneira melhor de transformá-lo em uma pessoa maior. Pode ter certeza de que Deus tem um sonho para você e um plano para transformá-lo em realidade!

A revista *Decision* [Decisão], publicação da Associação Evangelística Billy Graham, enviou uma saudação às grandes igrejas do mundo. Uma das destinatárias foi a Igreja do Povo de Toronto, no Canadá. Alcançou renome mundial por haver enviado mais missionários ao mundo que qualquer outra igreja. A história de êxito dessa igreja ilustra a maneira de Deus responder às orações.

Na década de 1920, um jovem pastor, Oswald Smith, ansiava, mais que tudo, ser missionário em outro país. Elevou a Deus uma oração: "Senhor, quero ser missionário... abre-me uma porta".

Essa foi uma oração verdadeira. Não era uma oração mendicante nem egoísta. Era uma oração pela qual um ser humano procurava ser a pessoa que Deus queria que fosse. Quando o dr. Smith se apresentou à junta examinadora de candidatos para o campo missionário, não passou no teste. Não preenchia os requisitos.

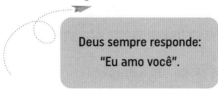

Deus sempre responde:
"Eu amo você".

Apesar de todos os seus esforços, as portas para o ministério além-mar estavam fechadas. Uma de suas reações a essa

Oração + pensar possibilidades = êxito

situação foi indagar se a oração realmente funcionava. Aqui estava ele oferecendo a vida a Deus, e a resposta de Deus era um "não" bem claro. Então, lhe veio uma brilhante ideia: "Se não posso ir, construirei uma igreja para enviar outros". E ele o fez. Pastor algum jamais estabeleceu uma igreja que tenha chegado perto de realizar o que a Igreja do Povo, de Oswald Smith, tem feito. À luz da história, vemos agora de que maneira maravilhosa Deus respondeu aos desejos expressos na oração do dr. Smith, ainda que tenha dito "não" ao seu pedido. Deus disse "não" porque tinha ideias melhores e maiores.

Deus responde NÃO a uma oração quando a ideia expressa não é a melhor ou é absolutamente errada; e também — ainda que nos possa beneficiar — quando criaria problemas para terceiros. Quando as condições não são ótimas, Deus diz NÃO.

2. *Quando o momento não é apropriado, Deus diz: "Devagar".* Em nenhum lugar na Bíblia, encontraremos um único versículo que diga que Deus fará tudo o que pedimos num estalar de dedos. Deus não nos oferece um serviço instantâneo e automático de resposta às orações.

Deus controla o *por que* e o *quando*. Se Deus responde negativamente à sua oração sincera, e você pergunta-lhe o motivo, ele não lhe dará resposta ou explicações. Deus não responde às suas perguntas porque elas significam que você não está satisfeito com o "não" que recebeu dele.

O ser humano deseja argumentar, e Deus recusa-se a ser levado ao argumento. Ele sabe que toda explicação que lhe possa dar não o satisfará.

Se Deus respondesse a toda oração ao estalar dos seus dedos, ele se tornaria seu servo, não seu Senhor. Deus estaria trabalhando para você em vez de você estar trabalhando para ele.

219

As demoras de Deus não são negativas divinas. O tempo dele é perfeito. É preciso ter paciência na oração. O problema de algumas pessoas não é tanto a dúvida, mas a impaciência. Certo homem me disse que havia perdido a fé na oração. Ao ouvir tal declaração, afirmei que, na verdade, ele não havia perdido a fé na oração porque ainda estava orando. Ele havia perdido a paciência, não a fé.

Os membros antigos de nossa igreja sabem como escrevemos a palavra fé: P-A-C-I-Ê-N-C-I-A. "Espere no SENHOR. Seja forte! Coragem! Espere no SENHOR."[2]

Uma oração sincera oferecida a Deus nunca é em vão. Deus não a esquece. É como uma semente plantada que brotará e crescerá no tempo certo. Se a ideia não for correta, Deus responde "não". Se o tempo não for correto, Deus responde "devagar".

3. *Quando você não está certo, Deus responde: "Cresça".*
Deus responde às orações quando as pessoas estão preparadas para a resposta. A pessoa ambiciosa que não chega ao topo imediatamente, em geral, ora pedindo êxito. Deus responde: "Cresça". O poder adquirido rápido demais corrompe. Se você não estiver preparado, será prejudicado.

Você tem orações que não estão sendo respondidas? Talvez você precise crescer. Você enfrenta um problema não resolvido? Talvez haja algo que tenha de fazer.

Se sua mente estiver infestada de emoções negativas, você estará fora de ritmo com o Deus do universo, e sua oração será ineficaz.

Certa vez, passei por uma situação perturbadora com um homem que estava destruindo a própria vida, a de seu filho e a de muitos outros. Tentei ajudá-lo, e ele se voltou contra

---

[2] Salmos 27.14, Nova Versão Internacional.

Oração + pensar possibilidades = êxito

mim; então, me lembrei das palavras de Jesus: "Não deem o que é sagrado aos cães, nem atirem suas pérolas aos porcos; caso contrário, estes as pisarão, e aqueles, voltando-se contra vocês, os despedaçarão" (Mateus 7.6, Nova Versão Internacional). Foi terrível. Acordei no meio da noite e descobri que meu coração estava cheio de sentimentos negativos para com esse homem. Eu compreendia que não era certo ter uma atitude negativa para com outra pessoa. Sou cristão. Sou seguidor de Cristo. O Espírito de Cristo deve habitar em mim, e essas ideias negativas certamente não se harmonizam com o Espírito de Cristo.

Orei para que Cristo desfizesse essa atitude negativa. Imaginei que eu era um carro cujo óleo estava sendo trocado. Senti que meu corpo, deitado na cama, estava sendo levantado. Cristo veio a mim, desparafusou a válvula do fundo do meu coração, deixou escorrer todas as ideias amargas e negativas. Depois encheu-me com o lubrificante novo, brilhante e limpo chamado amor. A oração tem poder de limpar. Pode ajudar a limpar o negativismo de seu coração.

Certo executivo promissor necessitava de aconselhamento pastoral. Tinha como alvo alcançar uma posição importante. Entretanto, foi deixado de lado, e outra pessoa foi escolhida para o cargo; isso o deixou amargo, com raiva e angustiado.

Ao aconselhá-lo, sugeri-lhe o seguinte:

> Quando você fica amargo e com raiva, não prejudica em nada a cúpula administrativa. A única coisa que você faz é prejudicar a você mesmo. Eles vão almoçar e nem sequer sabem que você está fervendo por dentro. Aceite as coisas como são. Você não conseguiu o posto que acha que merece e está se matando interiormente. Porventura essa atitude fará que você suba? De maneira nenhuma. Muito pelo contrário, essa atitude negativa para com os que têm o poder de decisão será por eles observada. Você não pode

escondê-la. Quando virem sua reação, pensarão duas vezes antes de escolher você para um cargo elevado. Sua reação prova que você precisa amadurecer. Quando o fizer, sua maturidade será evidente, e só então obterá o que deseja.

Sete anos depois, ele conseguiu um cargo executivo de alto nível nessa mesma empresa.

Há algo pelo qual você está lutando e parece não conseguir? Talvez precise mudar sua personalidade!

A pessoa egoísta deve cultivar o altruísmo antes que Deus lhe diga "VÁ".

A pessoa cautelosa deve cultivar coragem antes que Deus lhe diga "VÁ".

A pessoa ousada deve cultivar cautela antes que Deus lhe diga "VÁ".

A pessoa tímida deve cultivar confiança antes que Deus lhe diga "VÁ".

A pessoa autodepreciadora deve cultivar o amor antes que Deus lhe diga "VÁ".

A pessoa dominadora deve cultivar a sensibilidade antes que Deus lhe diga "VÁ".

A pessoa crítica deve cultivar a tolerância antes que Deus lhe diga "VÁ".

A pessoa negativa deve cultivar a atitude positiva antes que Deus lhe diga "VÁ".

A pessoa que tem fome de poder deve cultivar amabilidade e gentileza antes que Deus lhe diga "VÁ".

A pessoa que procura prazer deve cultivar compaixão pelos que sofrem antes que Deus lhe diga "VÁ".

A alma que despreza Deus deve transformar-se em adoradora antes que Deus lhe diga "VÁ".

Lembre-se: Quando a ideia não é correta, Deus diz "NÃO!". Quando o tempo não é certo, Deus diz "DEVAGAR!". Quando você não está certo, Deus diz "CRESÇA!".

4. *Quando tudo está certo, Deus diz "VÁ!".* Então, os milagres acontecem! As barreiras se desfazem! As montanhas são vencidas! Os problemas desaparecem, e as dores do coração se dissolvem! O alcoólatra sem esperança é libertado! O viciado em drogas é curado! A pessoa que duvida torna-se criança na fé! O tecido doente reage ao tratamento, e a cura começa! A porta aos seus sonhos de repente se abre, e lá está Deus dizendo "VÁ!"

Ann Kiemel é uma jovem muito linda, frágil, sensível e gentil. Perante um auditório de homens fortes, ela pode deixá-los atônitos quando em meio a sorrisos lhes diz com voz doce, suave e feminina: "Olá! Meu nome é Ann Kiemel!".

Ao dizer isso, move a cabeça lentamente examinando cada rosto. "Não sou ninguém!", diz a moça, sorrindo novamente. Agora ela vai mais para a frente, seu rosto se contrai seriamente, e sua pequenina voz, de repente, eleva-se poderosamente enquanto ela declara com a cabeça erguida: "Mas vou mudar o meu mundo! Pois creio em um grande Deus! Observem e verão!".

Tente fazer orações grandes, honestas, limpas, positivas e se tornará a pessoa que Deus quer que você seja!

CAPÍTULO 12

Aqui está a pessoa que você deseja ser

Esboçamos neste livro os princípios para a vida dinâmica e exitosa. Ponha-os em prática, e eles funcionarão. Você pode tornar-se a pessoa que deseja ser. Pode ter e terá sucesso em sua vocação, em suas aspirações pessoais, em sua vida.

Ao ir atrás de seus sonhos grandiosos, nunca se esqueça da pessoa que você realmente deseja ser. Mais vital que o êxito no trabalho ou nos empreendimentos pessoais é o caráter que você desenvolve durante o processo. Em um nível bem profundo, você procura ser o tipo de pessoa que desfrute de autorrespeito sadio. Minhas palavras finais contêm tanto uma promessa como uma exortação. O termo "exortação" é positivo. "Ameaça" é sua contraparte negativa.

A exortação: Não venda sua autoestima a fim de ter sucesso. Você pode ganhar uma profissão, mas perder uma personalidade. Jesus disse: "[...] que adiantará ao homem ganhar o mundo inteiro e perder a sua alma?".[1]

A promessa: Há um meio de seguir em frente sem perder a cabeça. Você pode fazer que seus sonhos se tornem realidade e pode também, no processo, construir seu senso de autovalor. Sempre há de querer ser o tipo de pessoa que pode olhar-se no espelho sem se envergonhar. Você não somente deseja ter orgulho do que realizou, mas também da maneira pela qual o realizou. Você há de querer o autorrespeito.

---

[1] Mateus 16.26, Nova Versão Internacional.

VOCÊ PODE SER QUEM DESEJA

Faça a você mesmo a pergunta: "Em um nível mais profundo, que tipo de pessoa eu sou?".

Você é uma pessoa do tipo "eu-eu"?

A pessoa do tipo "eu-eu" encontra realização emocional ao alimentar o ego inseguro satisfazendo seus prazeres egoístas, assegurando-se de que tudo seja feito à sua maneira. Ao deparar com decisões, esse tipo de pessoa faz perguntas como: "Que benefício isso me trará?", "O que vou conseguir com isso?", "Isso se encaixa nos meus planos?". Não leva em consideração a preferência das outras pessoas; não leva em conta se isso ajudará ou magoará os outros.

É o tipo de pessoa que não compartilha nada com ninguém, que não se interessa, que não está disposta a levar a carga de seus semelhantes. Alguém está chorando? Alguém está morrendo? "Que pena! Que lástima! Já tenho problemas suficientes" — é sua resposta, em vez de dizer: "Deixe-me ajudá-lo". Há uma abundância de evidência que indica que, por natureza, a maioria das pessoas tende a ser do tipo "eu-eu".

Alguns anos atrás, um motorista de ônibus de Detroit, Michigan, foi atacado por um passageiro. Enquanto o assaltante forte golpeava o motorista até quebrar-lhe o braço, os outros passageiros, incluindo um bom número de homens, ficaram sentados covardemente em seu lugar. Isto é, quase todos, porque Bernice Kulzco, de 71 anos de idade, correu pelo corredor, abrindo passagem a empurrões, e atacou, empurrou e finalmente atemorizou o atacante, que resolveu fugir. Ela recebeu socos, seus óculos se espatifaram, mas fez honra à sua coragem e foi cumprimentada pelo chefe da empresa de ônibus e por seus semelhantes. Os outros eram bons exemplos de pessoas do tipo "eu-eu". A atitude "eu-eu" afeta o caráter total da pessoa.

Afeta seu sistema de valores. "Eu quero o que quero, quando quero, do modo que quero". Resume seu sistema de valores numa sentença egoísta: "Faça o que gostar", diz ela, "e eu farei o que gosto".

Modela sua vida emocional. Logo descobre que a maioria das pessoas não se importa sinceramente com ela. Então, torna-se insegura, defensiva, opressiva, cheia de suspeita e cinismo. Entrega-se a uma busca frenética por prazeres, num esforço neurótico para evitar uma confrontação com seu próprio eu do qual não se sente nada orgulhosa. Vai em busca de poder e posição, crendo tolamente que isso fará que os demais a respeitem. Equivocadamente, acredita que, trilhando esse caminho, alcançará o respeito desejado. Tarde demais, ou talvez nunca, descobre que a estrada do "eu-eu" nunca leva ao autorrespeito.

Tem efeito desastroso em seus relacionamentos interpessoais em todos os níveis. A comunicação torna-se um problema constante. A pessoa somente "ouve" o que deseja ouvir. Somente "escuta" quando acha conveniente. A comunicação verdadeira envolve dar e receber. Isso é diálogo. A pessoa do tipo "eu-eu" não pode dar — portanto, não pode receber, pois o receber é sempre dar. É preciso dar — sua atenção humilde e honesta para receber conselho, crítica e sugestões. É preciso demonstrar uma legítima e autêntica preocupação antes de receber as cargas dos demais e poder dizer: "Preocupo-me com você". É preciso desprender-se de sua liberdade antes de aceitar envolvimento em causas dignas. É preciso dar de seu tempo, talento e tesouros antes de verdadeiramente poder aceitar responsabilidades.

Uma das maiores lições que devemos aprender hoje é que a humanidade é uma unidade orgânica. Todos navegamos no mesmo barco chamado planeta Terra. O que magoa os outros, em última análise, nos magoará. Todas as pessoas estão estreitamente ligadas umas às outras nessa nave espacial em que vivemos. Ocorre uma explosão, e ouvimos a má notícia ou a vemos pela televisão. Isso nos aflige, nos enfurece, nos preocupa ou nos assusta. Está afetando você! Você pode comer e se alegrar, mas ouvirá outras pessoas comentarem acerca das coisas horríveis que estão acontecendo. A comunicação em massa conseguiu fazer que a humanidade compreendesse que é uma unidade emocionalmente orgânica. Quer goste disso quer não!

A revista *Look*, em sua edição de janeiro de 1970, resumiu nossos problemas sociais com estas palavras:

O individualismo se excedeu. Manifesta-se em expressões tais como: "Estou na minha, companheiro", onde a palavra "minha" geralmente significa dinheiro, bens materiais, *status* e diversões frenéticas. O motorista de caminhão de entrega de mercadorias, cansado de dar voltas no quarteirão, estaciona o veículo de modo que obstrui inteiramente uma pista de trânsito. Poderia, com certa dificuldade, estacionar numa zona de carga e descarga, mas por que se incomodar? ("Estou na minha, companheiro.") Um engarrafamento começa. Duas quadras atrás, uma rua transversal fica bloqueada, e o mesmo acontece com a intersecção seguinte. O que podemos fazer com este pequeno e desnecessário problema?

"Se um caminhão bloqueasse minha passagem", diz o individualista rude, "diria a ele o que penso, e, se ele não saísse da frente, demonstraria quem é que manda aqui".

Os engarrafamentos de trânsito revelam como nossa vida está entrelaçada. O drama se repete de mil maneiras, cem mil vezes por dia. O indivíduo egoísta pode sequestrar um avião cheio de passageiros e botá-lo abaixo envolto em chamas.

Você é uma pessoa do tipo "eu-isso"?

As pessoas do tipo "eu-isso" relacionam-se primariamente com coisas. Encontram realização emocional nas coisas. Quer alegria? Consiga algo novo. Está chateado? Vá fazer compras. Tem sentimento de culpa? Compre um presente! Temeroso? Compre um revólver. Inseguro? Ponha mais dinheiro na caderneta de poupança. Necessita impressionar os outros? Carros, clubes, coquetéis e coisas desse tipo o ajudarão. Solitário? Vá ao cinema, ao bar ou ao teatro.

Para tais indivíduos, até mesmo as pessoas se transformam em coisas. Não são pessoas com esperanças, sentimentos e sonhos. As pessoas são brinquedos, são ferramentas, objetos de diversão, bens para se comprar ou lixo para se jogar fora. Brinquedos, ferramentas, coisas sem valor, tesouros ou lixo — tudo.

1. A pessoa do tipo "eu-isso" nunca está emocionalmente satisfeita nem realizada. Descobre que as coisas enferrujam, gastam-se, enrugam-se, envelhecem ou saem da moda. Provavelmente, ela nunca descobre que as coisas não proporcionam autorrespeito e autoestima em base permanente.
2. Sua atitude também determina seu sistema de valores. Qual é o salário? Quais os benefícios? Quanto custará? Essas são algumas das perguntas que tal pessoa faz.
3. Nunca é verdadeiramente livre, mas está sempre presa à tirania das coisas. Pinte-me, reboque-me, remende-me, conserte-me, troque-me, ou, pelo menos, reorganize-me.
4. Ela nunca ama de verdade. "Eu o amo porque o desejo" ou "Eu o amo porque *preciso* de você" é a

profundidade a que chegam os relacionamentos da pessoa do tipo "eu-isso". Seu relacionamento com os outros nunca chega a nível profundo; por isso, na realidade não vive. Martin Buber escreveu: "Relacionar-se é viver".

Você é uma pessoa do tipo "eu-você"?

Os que se relacionam com as outras pessoas como seres humanos são do tipo "eu-você". Veem os outros como pessoas que têm sonhos, desejos, podem ser magoadas e possuem necessidades. Todos nós saímos do nível animal para o nível humano quando nos tornamos pessoas do tipo "eu-você". Essa perspectiva determinará seu sistema de valores e suas metas. As decisões serão fáceis! Você fará perguntas como: "Isso ajuda?", "Deve ser feito?", "Alguém está fazendo alguma coisa a respeito?".

Ouvimos os outros e damos-lhes de nós mesmos. Há pessoas assim.

O sargento da Marinha norte-americana M. E. Bingham e sua esposa, Martha, quando mudaram para sua nova residência em San Diego, viram algumas moças agindo de forma indecorosa e rondando pelas ruas. Convidaram essas moças para sua casa a fim de tirá-las da rua e dar-lhes algum tipo de orientação. A ideia floresceu e se transformou num verdadeiro clube com centenas de jovens participando de diversos jogos e entretenimentos.

Em Moro, Illinois, Bob Kruse, de 31 anos de idade, que trabalhava em uma fazenda, perdeu ambas as pernas quando caiu debaixo de uma colheitadeira. Seus amigos não somente levantaram 12 mil dólares, mas também fizeram a colheita de suas lavouras e construíram uma calçada de cimento, uma entrada de automóveis e um pátio para a casa dele.

Aqui está a pessoa que você deseja ser

Em North Bend, Washington, os vizinhos de um padeiro que sofreu um acidente com a esposa ajudaram-no em seu negócio. Entre os que colaboraram na venda dos produtos, encontravam-se um pastor e um dono de uma agência funerária. Em Richfield, Minnesota, uma viúva obteve um novo teto para sua casa. Foi instalado pela organização chamada Operação Irmandade, cujos membros doam várias horas por semana a um Banco de Talentos para ajudar os necessitados. Certa vez, 240 presos da Fazenda Penitenciária Tucker, em Pine Bluff, Arkansas, doaram a quantia que receberam como presente de Natal do governo para comprar presentes para 25 crianças pobres das redondezas.

Que mudança se realiza quando uma pessoa do tipo "eu-eu" ou do tipo "eu-isso" se transforma em uma pessoa do tipo "eu-você"!

A dona de casa se transforma em mãe de família.

O senhor se transforma em pai.

O amante se transforma em esposo.

O advogado se transforma em conselheiro.

O professor se transforma em modelador de pessoas.

O médico se transforma em curador de pessoas.

O motorista de caminhão se transforma em transportador de materiais vitais.

O vendedor se transforma em supridor de necessidades humanas.

O homem de negócios se transforma em criador de oportunidades de trabalho.

O capitalista se transforma em construtor de uma sociedade melhor mediante sua capacidade de ganhar dinheiro.

O líder religioso se transforma não num propagandista de doutrinas, mas num ganhador de almas, num edificador da fé, que inspira os demais a mudarem de vida!

VOCÊ PODE SER QUEM DESEJA

Eis agora a questão vital: Você realmente acredita que a natureza humana pode ser mudada? Testemos seu pensar possibilidades quanto a isso. Responda às seguintes perguntas com "verdadeiro" ou "falso":

1. Não se ensinam truques novos a cachorro velho.
2. Certos hábitos jamais podem ser quebrados.
3. As pessoas que sempre viveram sujeitas a certas normas podem ser mudadas.
4. O caráter da pessoa é fixado aos 7, 18, 25, 45 ou 65 anos de idade.

Pode-se mudar a natureza humana? Depende de em qual judeu você escolher acreditar:

1. Freud diria: "Não, não se pode mudar as pessoas". De modo que desprezou o homem. Logo antes de morrer, ele disse a Viktor Frankl: "Quanto mais estudo o homem, tanto mais o desprezo".
2. Marx diria: "Sim, mude o ambiente econômico do homem e eliminará todos os males da humanidade". De modo que os freudianos nunca podem ser bons marxistas.
3. Jesus Cristo diria: "Não, não se pode mudar a personalidade humana em base permanente pela simples mudança de ambiente. Plante uma pereira num pomar de maçãs e ela ainda dará peras!". E ele também diria: "Sim, a pessoa pode mudar a vida ao mudar seu padrão de pensamento. Se permitir que o Espírito Santo habite nela, será uma nova pessoa".

A fim de se tornar uma pessoa do tipo "eu-você", é preciso uma revolução espiritual profunda no coração humano.

Alexander Pope orou: "Ó Deus, faze de mim um homem melhor". Seu criado comentou: "Seria mais fácil fazer do senhor um homem novo".

Isso é possível. Paulo escreveu: "Se alguém está em Cristo, é nova criação".[2] *Como* isso acontece? Jesus afirmou: "Digo a verdade: 'Ninguém pode ver o Reino de Deus, se não nascer de novo' ".[3] Não deixe que o termo "converter-se" o espante. Fotossíntese é o processo pelo qual a energia da luz solar transforma a água ou o ar em alimentos para a planta. A vida é a conversão de alimento em energia; energia, em ação; mineral, em vegetal; vegetal, em animal; animal, em ser humano; e o ser humano egoísta pode ser convertido em pessoa semelhante a Cristo.

Um dos mais populares animadores de programas de televisão dos Estados Unidos é Dick Van Dyke. O segredo de sua personalidade cheia de êxito pode ter sido revelado certa noite em sua casa no Arizona, quando com um grupo de amigos fazia o jogo "Quem eu gostaria de ser". Certa pessoa queria ser Beethoven. Outra queria ser Horowitz. E assim o jogo prosseguiu. Ao chegar a vez de Dick, ele hesitou e, sincera e timidamente, explicou: "Não quero parecer tolo", admitiu ele, "mas gostaria de ser Jesus Cristo".

Há milhões de seres humanos que aceitaram Cristo em sua vida — e foram mudados! São capazes de amar sem egoísmo.

O que é o amor verdadeiro? Eis minha definição: "Amor é minha decisão de transformar seu problema em meu problema". O cristão verdadeiro é uma pessoa realmente linda.

Tempos atrás, voei ao Oriente numa missão da Força Aérea Americana. Ao colocar o pé em terra depois de nove

---

[2] 2Coríntios 5.17, Nova Versão Internacional.
[3] João 3.3, Nova Versão Internacional.

horas de voo sobre o Pacífico, a primeira pessoa que se aproximou de mim e apertou minha mão foi um oficial negro com uma águia de metal em cada ombro. Ele sorriu e disse: "Dr. Schuller, sou Bill King".

O coronel Bill King, um dos seres humanos mais formidáveis que já conheci, foi meu anfitrião em Okinawa. Poucos dias depois, nos dirigíamos de automóvel ao aeroporto para minha viagem ao Japão; agradeci-lhe a amabilidade, hospitalidade e bondade. Ele, então, olhou para mim e disse: "Dr. Schuller, quero que o senhor saiba que o tratamos bem não para impressioná-lo". Depois de uma parada breve num sinal vermelho, ele continuou: "Nós o tratamos bem simplesmente porque o senhor é um ser humano". Parou o carro para deixar que um grupo de crianças cruzasse a rua e acrescentou: "E a única maneira de tratar um ser humano é dar-lhe o melhor".

Conheci um coronel no Japão que me contou que ele e Bill King visitaram, vários anos antes, os familiares de King em Selma, no Alabama. Haviam acabado de dar as águias a Bill, e ele andava orgulhosamente pelas ruas da cidade com seu uniforme. De repente, dois homens brancos acercaram-se dele, arrancaram-lhe as águias do ombro e jogaram-nas na sarjeta, dizendo: "Você é um impostor. Negro algum pode ser coronel da Força Aérea Americana".

Meu amigo continuou sua história, dizendo: "Bill simplesmente apanhou as águias e, sorrindo, disse: 'Bem, não sou impostor e sei muito bem o que vocês pensam de mim, mas quero dizer a vocês que Deus os ama e eu também'. Com isso, Bill seguiu seu caminho. Quando nos sentamos no carro, Bill olhou-me com os olhos úmidos de lágrimas, entregou-me as águias e pediu: 'Quer fazer-me o favor de colocá-las de novo, Jack?'. Coloquei-as de novo e senti-me orgulhoso de poder fazer isso!".

Aqui está a pessoa que você deseja ser

Como tornar-se a pessoa com a qual você gostaria de viver? Como é que pode tornar-se ambicioso, enérgico, construtivo, dinâmico e ao mesmo tempo, enquanto isso se efetua, construir seu autorrespeito? Tornando-se uma pessoa do tipo "eu-você". E a gente se torna uma pessoa desse tipo ao se tornar uma pessoa do tipo "eu-ele".

Transforme-se numa pessoa do tipo "eu-ele"
Relacione-se com Cristo. Deixe que seu Espírito habite em você. Como Bill King, você amará as pessoas; chegará ao topo e terá prazer em fazê-lo. Então, verdadeiramente você será a pessoa que realmente deseja ser.

237